KB025578

세상에서 가장 재미있는
62가지 심리실험
욕망과 경제편

출판은 사람과 나무 사이에서 이루어지는 가치 있는 일입니다.
도서출판 사람과나무사이는 의미 있고 울림 있는 책으로 독자의 삶을
좀 더 풍요롭게 만들기 위해 최선을 다하겠습니다.

JINSEI SODAN WA 'FUKONA HITO'NI SHIYO
SHINRIGAKUNI MANABU IGAINA NICHIJHO NO HOSOKU
Copyright © 2006 Yoshihito NAITO
Original Japanese edition published in Japan by SB Creative Corp.
through Imprima Korea Agency.
Korean translation copyright © 2021 by Between Human & Tree

욕망을 활용하는 효과적인 방법

세상에서 가장 재미있는
62가지 심리실험

나이토 요시히토 지음

한은미 옮김 | 니나킴 그림

욕망과 경제편

사람과
나무사이

당신의 '욕망의 삽질'이 '부(경제)의 성취'가 되게 하려면?

엔진이 자동차를 움직이듯 욕망은 인간을 움직이고 앞으로 나아가게 한다. 쉼 없이 뭔가를 시도하게 하고 성취하게 한다. 물론 욕망이 인간에게 도전과 성취와 성공만을 안겨주는 것은 아니다. 욕망은 때때로 인간에게 쓰라린 실패와 좌절과 고통을 안겨준다.

　개인의 욕망이 방향을 잘못 잡아 참담한 비극으로 귀결되고 그 욕망을 품은 사람에게 끔찍한 고통과 절망을 안겨준 사례로 그리스신화의 '미다스 이야기'만 한 게 또 있을까? 프리기아(오늘날의 터키) 왕 미다스는 숲의 신 시레노스를 잘 대접한 대가로 시레노스의 제자이자 술의 신인 디오니소스에게 '원

4

하는 것은 무엇이든 들어주겠다'는 약속을 받아낸다. 미다스 왕은 '자기 손에 닿는 모든 것을 황금으로 변하게 해달라'고 청한다. 그의 소원은 이루어지고, 이후 미다스 왕이 손을 대는 모든 것이 순식간에 번쩍번쩍 빛나는 황금으로 변해버린다.

미다스 왕은 처음에 엄청난 행운이자 축복이라 여겼던 자신의 새로운 재능이 끔찍한 저주이자 불행임을 얼마 지나지 않아 깨닫는다. 배를 채우기 위해 먹을 빵과 물까지 모두 금으로 변해버렸기 때문이다. 게다가 엎친 데 덮친 격으로, 미다스 왕이 자신에게 달려오는 사랑하는 딸과 포옹하자 그녀 역시 순식간에 금으로 변해버리고 만다.

큰 슬픔에 빠진 미다스 왕은 디오니소스에게 자신의 그 '저주받은 능력'을 제발 없애달라고 애원한다. 그 후 미다스 왕은 디오니소스가 시키는 대로 팍트로스강에 가서 몸을 정성껏 씻은 뒤 비로소 예전의 모습으로 돌아가게 된다.

욕망은 어떻게 인간을 움직일까? 욕망은 어떻게 개인의 의지와 의도를 만들어내고, 그것을 행동과 실행으로 끌어낼까? 또 개인의 욕망은 어떻게 집단의 욕망으로 발전하고, 집단의 욕망은 공동체인 사회를 움직일까? 정치를 움직이고 경제를 움직이고 문화와 예술을 움직일까?

이 책에 소개되는 62가지 심리실험 이야기는 모두 직접적으로든 간접적으로든 인간의 욕망과 맞닿아 있다. 흥미진진

한 심리실험 이야기를 읽어나가다 보면 독자는 자신과 타인의 내면에 숨어 있는 다양한 욕망의 실체를 간파하게 될 것이다. 그 크고 작은 욕망이 어떻게 행동과 실행으로 이어지며 구체적인 변화를 일으키는지 깨닫게 될 것이다. 개인과 집단의 욕망이 자동차의 엔진이 되어 인간사회의 다양한 영역, 그중에서도 특히 비즈니스 영역을 움직이는지 통찰하게 될 것이다.

이 책에 소개되는 심리실험 사례 중 하나만 살펴보자. 미국 캘리포니아 대학 데이비스의 로버트 에먼스 교수는 학생들을 두 그룹으로 나눠 재미있는 실험을 했다. 한 그룹에는 일주일마다 '지난 한 주 동안 가장 감사하는 일 다섯 가지 적어오기'라는 과제를 내주고, 다른 그룹에는 '지난 한 주 동안 가장 짜증났던 일 다섯 가지 적어오기'라는 과제를 내주었다. 한 그룹에는 '감사 일기'를, 다른 그룹에는 '불만 일기'를 쓰게 한 셈이다. 이 실험은 10주간 진행되었는데, 실험이 끝난 후 에먼스 교수는 참가자들에게 다음과 같은 질문을 던졌다.

"당신은 자신의 인생에 만족하십니까?"

"다음 일주일도 즐겁게 지낼 수 있을 것 같습니까?"

"하루 운동하는 시간이 얼마나 됩니까?"

당연하게도 '불만 일기'를 쓴 그룹보다 '감사 일기'를 쓴 그룹이 훨씬 더 자신의 인생에 만족감을 보였다. 그들은 미래를 낙관적으로 바라보았고 신체적 부조화도 적었다. 또 그들은 대부분 실험이 끝난 뒤 운동하는 습관을 기르게 되었다. '감사 일기'를 쓴 사람들은 한마디로 이 실험을 통해 심신이 건강해진 것이다. 개인의 긍정적 욕망이 긍정적 변화를 일으켜 긍정적 행동과 습관을 낳고 좀 더 건강하고 행복한 인생을 살 수 있음을 잘 보여준 실험이다.

당신의 '욕망의 삽질'이 미다스의 뻘짓이 되지 않고 인생을 좀 더 나은 방향으로 이끌며 좀 더 부유하고 풍요롭게 살고 싶다면 이 책을 펼쳐 읽기를 권한다. 어쩌면 당신의 인생을 바꿀 작은 실마리를 발견하게 될지 모르니까.

차례

CHAPTER

1 내 안의 욕망이 좋은 방향으로 발현되게 하고 싶다면?

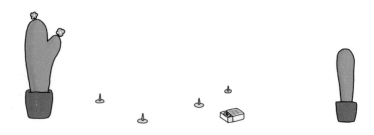

CHAPTER 4 남의 시선을 의식하는 바퀴벌레 VS. 자신감이 떨어지는 남자

5 쿡쿡 찔러, 좋은 방향으로 행동을 바꾸다

•HAPPY LIST•

- 강아지와 산책
- 따뜻한 커피 한모금
- 기분 좋아지는 JAZZ듣기
- 나를 위한 꽃 선물

CHAPTER

1

내 안의 욕망이
좋은 방향으로
발현되게 하고 싶다면?

특정 정보를 무시하라고 하면
그 정보에 더 집착하는
'청개구리 심리'는 왜 생길까

브라운 대학 카리 에드워즈 교수의
'가짜 재판 기록 읽고 판단하기 실험'

미국 로드아일랜드주 브라운 대학의 심리학 교수
카리 에드워즈는 대학생들에게 가짜 재판기록을
읽어주고 판단을 내리게 하는 실험을 했다. 이때
에드워즈 교수는 실험 참가자 중 절반의 학생에게는
감정적인 내용을 기술한 부분, 즉 '그 강도는 여성을
난도질했다'라는 문장을 애써 무시하라고 미리 말해
두었다. 그리고 나머지 학생에게는 아무 말도 해주지
않고 평소처럼 재판기록을 읽어주면서 합리적인
판결을 내려달라고 요청했다. 결과는 어떻게
나타났을까?

생각하기조차 싫은 일이 생겼을 때 당신은 어떻게 하는가? 흔히 사람들은 애써 그 일을 잊으려고 한다. 하지만 잊으려고 애를 쓸수록 오히려 더욱 생생하게 떠오를 때가 많다. 신경 쓰지 않으려 해도 자꾸만 신경이 쓰여 곤혹스러운 경우도 있다. 이처럼 우리 마음은 마음먹은 대로 잘 되지 않는다.

전철 안에서 내려야 할 역을 지나치지 않으려고 신경을 곤두세우고 있는 상황을 생각해보자. 한데 자신도 모르는 사이에 내려야 할 역을 지나쳐버리는 경우가 종종 있다. 약속을 잊지 않으려고 애를 쓰는데도 어찌된 일인지 까맣게 잊기도 한다. 이렇듯 지나치게 한 가지 생각에 몰입하다 보면 오히려 원치 않던 결과를 낳게 되는 일이 종종 있다.

당신이 어떤 정보를 새롭게 알게 되었다고 해보자. 이미 알게 된 정보를 무시하고 마치 모르는 것처럼 행동한다는 것이 말처럼 쉬운 일은 아니다. 그 정보로 인해 판단을 그르치지 않으려고 마음을 굳게 먹으면 먹을수록 오히려 판단이 왜곡되기 십상이다. 주식투자를 할 때도 마찬가지다. 특정 자료와 정보에 좌우되지 않으려고 주의하고 또 주의하지만 그럴수록 오히려 그 정보에 끌려다니는 자신을 발견하게 되곤 한다.

미국 로드아일랜드주 브라운 대학의 심리학 교수 카리 에드워즈(Kari Edwards)는 대학생들에게 가짜 재판기록을 읽어주고 판단을 내리게 하는 실험을 했다. 이때 에드워즈 교수는 실험 참가자 중 절반의 학생에게는 감정적인 내용을 기술한 부분, 즉 "그 강도는 여성을 난도질했다"라는 문장을 애써 무시하라고 미리 말해 두었다. 그리고 나머지 학생에게는 아무 말도 해주지 않고 평소처럼 재판기록을 읽어주면서 합리적인 판결을 내려달라고 요청했다. 결과는 어떻게 나타났을까?

흥미롭게도 감정적인 내용을 애써 무시하라는 말을 들은 그룹이 그 반대의 그룹에 비해 두 배나 더 엄한 판결을 내렸다. '무시하라'는 말을 했음에도 오히려 그 말의 영향을 받아 감정적인 판단을 해버린 것이다. 반면, 이 실험에서 '무시하라'는 지시를 받지 않은 그룹은 상대적으로 객관적인 판단을 내렸다.

인간에게는 하지 말라고 하면 더 하고 싶은 '청개구리 심리'가 있다. 절대로 해서는 안 된다는 말을 들으면 오히려 그 일을 더 하고 싶어진다. 나 역시 맹랑하게도 초등학교 시절에 담배를 피운 적이 있다. 선생님이나 부모님에게서 '담배를 피우면 안 된다'는 말을 귀에 못이 박이도록 들었음에도 청개구리 심리가 발동해 담배를 피워보고 싶었던 것이다. 그뿐 아니라 호기심에 술을 잔뜩 마시고 고꾸라진 적도 있다. 이처

누구에게나
청개구리 심보가 있지...

럼 하지 말라고 하면 더욱 하고 싶어지는 것이 인간의 심리다. 미국에서 금주법이 제정되자 오히려 술 소비량이 증가하는 아이러니한 결과가 나타났다고 하는데, 이것 역시 청개구리 심리 때문이다.

어떤 일을 판단할 때 공평해야 한다는 강박관념에 사로잡히면 오히려 공평성을 잃게 된다. 차라리 '인간의 판단력은 어차피 왜곡되기 마련'이라고 생각하며 가벼운 마음으로 대응하는 것이 결과적으로 올바른 판단을 내리게 한다. 어깨에 지나치게 힘을 주면 쉬운 일도 그르치게 마련이다.

심리
실험

02

우리는 왜 항상
자신에게 후한 점수를 줄까?

《월스트리트저널》의
'자기 자신의 도덕성 평가 결과 보도'

"당신의 사업 능력은 동료에 비해 어떠한가?"라는
질문을 받으면 사람들은 뭐라고 답할까? 호주에서
실시한 어느 조사에 따르면, 86퍼센트의 사업자가
자신의 사업 능력을 '평균 이상'이라고 평가했다.
놀랍게도 '평균 이하'라고 대답한 사람은 1퍼센트에
지나지 않았다.

1997년 12월 13일자 《월스트리트저널》도 비슷한
유형의 조사 결과를 보도했다. 그 내용을 보면, "당신의
도덕성은 몇 점 정도인가?"라는 질문에 대부분의
사람이 '90점 이상'이라고 대답했으며, 11퍼센트의
사람만 '74점'으로 대답했다. 흥미로운 것은 소극적인
대답을 한 11퍼센트의 사람들조차 평균 점수인 50점을
크게 웃돌고 있다는 점이다. 사람들은 왜 이토록
자신에게 후한 점수를 주는 걸까?

"당신의 가정에서는 가사 분담이 얼마나 잘 이루어지고 있는가?"

"당신은 일반인 평균에 비해 머리가 좋은 편인가?"

"당신이 만약 창업을 한다면 성공 가능성은 어느 정도라고 생각하는가?"

이런 질문을 받으면 사람들은 대부분 자신에게 후한 점수를 준다고 한다. 마찬가지로 "자연재해로 생명의 위협을 받을 때 당신은 어떻게 될 것 같은가?"라는 질문을 던지면 대다수 사람은 "나는 구조될 것이다"라고 대답한다. 물론 이것은 아무런 근거도 없는 믿음일 뿐이다. 그럼에도 사람들은 '나만은 나쁜 일에서 예외다'라는 희망 섞인 예상을 내놓곤 한다. 이런 심리는 왜 생길까? 인간이란 태생적으로 자신을 특별한 존재로 믿기 때문이다.

미국 프린스턴 대학의 데버라 프렌티스(Deborah Prentice) 박사에 따르면, 위에 예로 든 반응은 인간의 기본적인 심리의 발로라고 한다. 이것을 '자기 위주 편향(Self Serving Bias)'이라고 부르는데 '무조건 자신에게 유리하게 생각하는 사고방식'을 의미한다.

호주에서 실시한 어느 조사에서 "당신의 사업 능력은 동료에 비해 어떠한가?"라는 질문을 했더니 86퍼센트의 사업자가 자신의 사업 능력을 '평균 이상'이라고 평가했다. 이때, '평균 이하'라고 대답한 사람은 놀랍게도 1퍼센트에 지나지 않았다.

1997년 12월 13일자 ≪월스트리트저널≫도 비슷한 유형의 조사 결과를 보도했다. 그 내용을 보면 "당신의 도덕성은 몇 점 정도인가?"라는 질문에 대부분의 사람이 90점 이상이라고 대답했으며, 11퍼센트의 사람만 74점이라고 대답했다고 한다. 소극적인 대답을 한 11퍼센트의 사람들조차 평균 점수인 50점을 크게 웃돌고 있다는 점에 주목하기 바란다. 사람들은 그만큼 자신에게 후한 점수를 준다는 의미다.

나 역시 담배를 즐겨 피우면서도 '나만은 절대로 폐암에 걸리지 않을 것이다'라고 굳게 믿고 있다. 담배를 피우기 때문에 담배가 주는 위험에서 벗어나기 어려운 게 당연함에도 나에게 유리한 쪽으로 생각하는 것이다. 이것이 바로 판단력 왜곡 현상인데 나뿐 아니라 사람들 대부분이 이러한 경향을 보인다.

이처럼 대다수 사람이 자신에게 후한 점수를 주는 경향이 있음을 염두에 둔다면 어떤 판단을 내려야 할 때 적어도 그 영향력을 줄일 수 있지 않을까. 그러나 그것도 생각처럼 쉽지만은 않다. 평소에는 사물을 냉정하게 바라보고 판단하는 사람도 자신의 일이나 자기 가족, 자기 회사의 일에 대해서는 종종 객관적인 판단력을 잃곤 하는 게 현실이다. 그것은 우리 마음속에 자신에게 유리한 쪽으로 사물을 왜곡시키는 경향, 즉 '자기 위주 편향'이 있기 때문이다. 따라서 자기 자신을 판단할 때는 조금 엄격하다 싶을 정도로 신랄한 평가를 내리려고 노력하는 게 바람직하다. 그렇지 않으면 냉철하고도 정확한 판단을 내리기가 어려움을 기억하기 바란다.

"내가 하면 로맨스, 남이 하면 불륜"이라는 말도 이러한 심리에서 나온 말이 아닐까?

살을 빼고 싶다면
마음의 불안감부터
없애야 하는 까닭

케이스 웨스턴 리저브 대학 다이앤 타이스 박사의
'심리상태와 음식을 먹는 양의 상관관계 측정 실험'

미국 오하이오주 케이스 웨스턴 리저브 대학 다이앤
타이스 박사는 학생들을 두 그룹으로 나눠 한 가지
실험을 했다. 우선 그는 한 그룹에게는 자신에게
무시무시한 재난이 일어났을 때를, 다른 한 그룹에게는
행복한 일이 일어났을 때를 상상해보라고 하면서
자신이 처한 상황의 심리 상태가 되어보도록 했다.
실험에 앞서 그는 실험실 안에 프레첼과 초콜릿쿠키,
치즈 크래커 등 학생들이 마음껏 먹을 수 있도록
음식을 충분히 준비해 두었다. 부정적 기분에 빠진
학생과 행복감을 느끼는 학생들이 각각 먹는 양에 어떤
차이를 보이는지 알아보기 위한 조치였다. 이 실험에서
어떤 결과가 나왔을까?

비만인 사람일수록 심장질환이나 뇌졸중, 고혈압, 당뇨 등의 질병에 걸릴 확률이 높다고 한다. 이런 탓에 비만은 만병의 근원으로 알려져 있는데, 의사가 체중을 줄이라고 권하는 것도 비만이 인체에 나쁜 영향을 미치기 때문이다.

비만을 예방하려면 어떻게 해야 할까? 먼저 먹는 것을 줄여야 한다. 먹지 않는데 살이 찐다는 것은 있을 수 없는 일이기 때문이다. 그렇다면 살이 찔 것을 염려하면서도 왜 자꾸 먹게 되는 걸까? 욕구불만에서 오는 스트레스 때문이다. 짜증이 날 때 우리는 기분이 좋아지도록 해주는 뭔가를 찾게 되며, 이때 즉각적 쾌락을 가져다주는 것에 눈을 돌리게 된다. 그것은 바로 '먹는 것'이다. 이처럼 스트레스를 받는 것과 폭식하는 것 사이에는 밀접한 연관이 있다.

미국 오하이오주 케이스 웨스턴 리저브 대학 다이앤 타이스(Dianne M. Tice) 박사는 이렇게 말한다.

"인간은 기분 좋으면 많이 먹지 않지만 기분이 좋지 않을 땐 걸신들린 듯 먹어대죠."

타이스 박사는 학생들을 두 그룹으로 나눠 한 가지 실험을 했다. 우선 한 그룹에게는 자신에게 무시무시한 재난이 일어 마음이 불안해질 땐...

<표 1-1> 스트레스를 많이 받은 사람일수록 과자를 많이 먹는다

	먹은 양
기분이 좋은 학생	- 0.35
기분이 좋지 않은 학생	+ 0.79

※ 수치는 실험 전후에 먹은 양의 차이를 표시한 것이다.
　+부호는 많이 먹은 것을 나타낸다.

났을 때를, 다른 그룹에게는 행복한 일이 일어났을 때를 상상
해보라고 하면서 자신이 처한 상황의 심리 상태가 되어보도
록 했다. 실험에 앞서 실험실 안에는 프레첼과 초콜릿쿠키,
치즈 크래커 등 학생들이 원하는 대로 마음껏 먹을 수 있도록
충분한 음식을 준비해 두었다. 이는 부정적 기분에 빠진 학생
과 행복감을 느끼는 학생들이 먹는 양에서 어떤 차이를 보이
는지 알아보기 위한 조치였다. 이 실험에서 어떤 결과가 나왔
을까?

　〈표 1-1〉은 실험이 시작되기 전과 후의 먹는 양의 변화를
나타내고 있는데, 표에서도 볼 수 있듯 행복감을 느끼는 학생
은 과자를 별로 먹지 않았다. 반대로 자신에게 끔찍한 재앙
이 닥쳤을 때를 상상한 학생은 과자를 많이 먹은 것으로 나타
났다.

　마음이 불안해지면 눈에 띄는 대로 이것저것 먹을 것에 손

이 가게 마련이다. 뭔가 스트레스 받는 상황에 놓인 사람이 끊임없이 과자를 입에 달고 살면서 주스를 벌컥벌컥 들이키는 것도 그 때문이다. 그렇게 먹는데도 비만이 되지 않는다면 그것이 오히려 이상한 일이 아닐까. 실제로도 매일 즐겁게 사는 사람은 대체로 날씬한 편이다. 행복한 사람은 이미 충분히 행복하기 때문에 뭔가를 먹어치워 기분을 좋게 만들려는 노력을 하지 않아도 되기 때문이다.

비만을 예방하려면 마음속에 불만이나 짜증을 쌓아두지 말아야 한다는 점을 잊지 마라. 그것이 다이어트의 제1법칙이다.

나이를 먹지 않는
최고의 방법이 있다는데?

애리조나 대학 앤디 마틴즈 교수의
'생각과 노화의 관계 측정 실험'

미국 애리조나 대학 앤디 마틴즈 교수는 학생들을 두
그룹으로 나눠 각각 노인 사진 두 장과 젊은이 사진 두
장을 보여주었다. 그리고 자신이 본 사진 속 사람에
대해 머릿속으로 여러 가지 생각을 해보도록 요청했다.
즉, 늙음이나 젊음에 대한 사고가 활성화하도록 한
것이다. 그러자 노인 사진을 보여준 그룹은 젊은이
사진을 보여준 그룹보다 치통을 호소한 사람이 네 배나
많았을 뿐 아니라 죽음이나 질병과 관련된 단어를 훨씬
쉽게 떠올렸다. 그들은 '늙음'에 대해 생각하는 동안
실제로 신체적 나이를 먹게 된 셈이다. 놀랍지 않은가!

언제까지나 젊고 활기차게 살고 싶은 것은 인간이라면 누구나 갖고 있는 공통된 소망일 것이다. 물론 나이를 먹으면서 경험이 쌓이면 '원숙미'가 더해진다고 하지만 그래도 나이를 먹는 것은 그리 달가운 일이 아니다. 서른 살을 넘기고 나면 더는 생일이 돌아오지 않기를 바라는 것이 대다수 사람의 마음이 아닐까.

신체 노화는 그렇다 치고 심리학적으로 '젊음을 유지하는 방법'은 없을까? 물론 심리학적으로 젊음을 유지하는 것은 얼마든지 가능하다. 다시 말해 물리적 시간을 멈출 수는 없지만 심리적 시간은 멈출 수 있는 것이다. 어떻게 하면 언제까지나 젊음을 유지하며 살 수 있을까? 방법은 의외로 단순하다. 머릿속에서 '나이듦'과 관련된 것을 모두 지워버리면 된다. 그게 다냐고? 물론이다. 단지 그뿐이다.

머릿속에서 '나이듦'과 관련된 사고가 활성화하면 인간은 신체적으로 그에 비례해 늙어간다. 따라서 젊음을 유지하고 싶다면 나이를 깨끗이 잊고 생각하지 않도록 습관을 들이고 노력해야 한다.

미국 애리조나 대학 앤디 마틴즈(Andy Martens) 교수는 학생들을 두 그룹으로 나눠 각각 노인 사진 두 장과 젊은이 사진 두 장을 보여주었다. 그리고 자신이 본 사진 속 사람에 대해 머릿속으로 여러 가지 생각을 해보도록 요청했다. 즉, 늙음이나 젊음에 대한 사고가 활성화하도록 한 것이다. 그러자 노인 사진을 보여준 그룹은 젊은이 사진을 보여준 그룹보다 치통을 호소한 사람이 네 배나 많았을 뿐 아니라 죽음이나 질병과 관련된 단어를 훨씬 쉽게 떠올렸다. 그들은 '늙음'에 대해 생각하는 동안 실제로 신체적 나이를 먹게 된 셈이다.

마흔 살에 기억상실증에 걸린 한 남자가 10년 넘도록 그 사실을 모른 채 살고 있었다. 한데, 신기하게도 자기 나이가 마흔 살인 줄로만 알았던 그 남자는 줄곧 마흔 살의 젊음을 유지하며 살아갔다. 그러던 어느 날, 우연한 계기로 그는 기억을 되찾았고 누군가로부터 자신이 마흔 살이 아니라 쉰 살이라는 사실을 듣게 되었다. 그러자 그는 그 순간부터 눈에 띄게 늙기 시작하더니 4개월쯤 지나자 얼굴에 주름이 여러 개생기고 점점 쉰 살 나이에 맞는 얼굴로 변해갔다고 한다. 까맣게 잊고 살았던 10년의 세월을 생각의 변화 하나로 간단히 되찾아버린 셈이다.

이 이야기는 우리가 심리적으로 마흔 살인 것처럼 생각하고 살아가면 실제로 마흔 살처럼 살 수 있음을 보여준다. 늙는 것이 싫다면 '나는 더 이상 젊지 않아', '최근 들어 종종 무릎이 시려', '10년 후에는 나도 폭삭 늙겠지', '흰머리가 부쩍 늘었어' 따위 생각은 하지 않는 게 좋다. 그런 생각을 하면 정말로 늙어버리기에 젊게 살고 싶다면 주의하고 또 주의해야 한다.

우리 몸은 생각하는 대로 되는 성질이 있다. 왜 그럴까? 이는 몸과 마음이 밀접하게 서로 연결되어 있기 때문이다. 그러므로 젊음을 유지하려면 '나는 아직 젊어!', '내 나이보다 적어도 10년은 젊어 보일 거야!' 같은 생각을 자주 해야 한다. 설령 이것이 착각일지라도 생각이 사람을 젊게 해준다는데, 밑져야 본전 아닐까?

이탈리아 남자는
왜 우울증에 걸리지 않을까?

셰필드 할람 대학 존 말트비 교수의
'우울증과 사랑의 관계 측정 실험'

영국 셰필드 할람 대학 존 말트비 교수는 실험 참가자
300명을 대상으로 각자의 우울증 정도와 현재 사랑을
하고 있는지를 조사했다. 실험 참가자는 18세부터
53세 사이의 남녀였다. 어떤 결과가 나왔을까?
흥미롭게도 사랑에 빠진 사람일수록 우울증에 걸릴
확률이 낮은 것으로 나타났다. 그리고 이 실험에서 또
하나의 흥미로운 사실이 밝혀졌다. 과연 그게 뭘까?

현대인 가운데 일로 인한 스트레스로 일상이 우울하고 인생이 불행하다고 호소하는 사람이 많다. 특히 일밖에 모르는 '일벌레'는 상대적으로 쉽게 우울증에 빠진다고 한다. 모든 일을 혼자 끌어안은 채 끙끙거리며 사는 사람은 잠재적 우울증 환자일 확률이 높으므로 주의해야 한다.

이러한 우울증을 상쾌하게 날려버릴 근사한 방법이 있다는 사실을 아는가? 하루하루를 즐거운 마음으로 살려고 노력하는 것도 좋은 방법이다. 그런데 그보다 더 좋은 방법은 '사랑'을 하는 것이다. 누군가를 사랑하면 우울한 기분 따위는 저 멀리 날아가버리고 말기 때문이다.

영국 셰필드 할람 대학 존 말트비(John Maltby) 교수는 실험 참가자 300명을 대상으로 각자의 우울증 정도와 현재 사랑을 하고 있는지를 조사했다. 실험 참가자는 18세부터 53세 사이의 남녀였다. 어떤 결과가 나왔을까? 흥미롭게도 사랑에 빠진 사람일수록 우울증에 걸릴 확률이 낮은 것으로 나타났다. 또 하나의 흥미로운 사실은 이러한 경향이 여성보다 남성에게서 더욱더 두드러졌다는 것이다.

'연애' 하면 가장 먼저 이탈리아인을 머릿속에 떠올리는 사람이 많을 것이다. 이탈리아인은 천성적으로 낙천적인 사람들이라 그들이 우울증에 걸린 모습을 상상하기 힘들 정도다. 그렇다고 이탈리아인이 우울증에 걸리지 말란 법은 없겠지만, 상대적으로 확률이 훨씬 낮을 것 같은 느낌이 든다.

"우울증을 예방하려면 사랑을 하라"라는 충고는 다소 엉뚱하게 들릴 수도 있으나, 나는 진심으로 그것을 믿는다. 세상에서 사랑의 감정을 느끼는 것보다 더 멋진 경험은 없다. 그렇다고 일은 하지 않고 좋아하는 사람만 멍하니 생각하라는 말은 아니다. 일을 할 때는 머릿속의 회로를 '일 모드'로 전환시켜 일에 열중해야 한다. 그러나 일단 일에서 벗어났다면 더 이상 일 생각에 빠져 있을 필요가 없다. 혼자서 처리하기 힘들 만큼 산더미처럼 일을 쌓아놓고 그 속에 파묻혀 지내다가는 언젠가 인내심의 한계에 부딪혀 우울증에 걸릴지도 모른다. 심신의 건강을 위해서는 일할 땐 열심히 일하고, 일에서 벗어나면 연애 감정을 품을 정도의 심리적 여유를 지니고 살아가야 한다.

연애를 하면 감기에 잘 걸리지 않는다는 얘기도 있다. 카네기멜론 대학의 조사에 따르면 연애를 할 때는 호르몬 분비 작용으로 감기에 잘 걸리지 않는다고 한다. 사랑을 하는 것은 우울증 예방뿐 아니라 감기 예방에도 도움이 되는 것이다.

심리
실험

06

제삼자에 의해
전달되는 정보가
왜곡되기 쉬운 이유는?

코넬 대학 토머스 길로비치 교수의
'영상 고백 · 평가 실험'

미국 코넬 대학 토머스 길로비치 교수는 등장인물이
자기 자신에 대해 고백하는 영상을 제작했다. 그런
후 학생들을 두 그룹으로 나눠 한 그룹에게는 영상을
보여주고 평가해달라고 요청했다. 영상에서는 한
남자가 등장해 연인과 헤어진 이야기와 남동생의
열대어를 실수로 죽인 이야기를 고백했고, 그것을 본
실험 참가자들이 얼마나 호감이나 비호감을 느끼는지
측정하는 실험이었다. 이어서 길로비치 교수는 영상을
본 학생이 영상을 보지 않은 다른 그룹 학생에게 영상
속 등장인물의 이야기를 들려주도록 했다. 이로써
나머지 그룹은 영상을 직접 보지 않고 그것을 본
학생에게서 등장인물이 어떤 사람인지 전해 들었을
따름이다. 즉, 전해 들은 이야기를 근거로 등장인물을
평가하게 한 것이다. 어떤 결과가 나왔을까?

A, B, C 세 사람이 모여 말을 전달하는 놀이를 한다고 가정해 보자. A가 하는 말을 B가 듣고 그 말을 C에게 전달해준다면, 과연 C는 A가 한 말을 얼마나 제대로 전달받을까? 결론부터 이야기하자면, 처음에 A가 한 말이 상당히 왜곡되어 전달될 가능성이 높다. 왜 그럴까? 중간에 어떤 사람이 개입되어 제 삼자에게 전달되는 정보는 왜곡될 확률이 높기 때문이다.

텔레비전의 오락 프로그램에 감초처럼 등장하는 것이 '말 전달 게임'인데, 시청자들은 그것을 보면서 '왜 저렇게 끝에 가서 말이 달라질까?'라는 의문을 품기 쉽다. 한데 실제로 그 게임을 해보면 끝에 가서 말이 달라지는 것은 매우 흔하게 일어나는 일임을 알게 될 것이다.

미국 코넬 대학 토머스 길로비치(Thomas Gilovich) 교수의 실험은 위와 같은 사실을 잘 드러내 보여준다. 길로비치 교수는 먼저 등장인물이 자기 자신에 대해 고백하는 영상을 제작했다. 그런 다음 학생들을 두 그룹으로 나누어 한 그룹에게는 영상을 보여주고 평가해달라고 요청했다. 영상에서는 한 남자가 등장해 연인과 헤어진 이야기와 남동생의 열대어를 실수로 죽인 이야기를 고백했다. 길로비치 교수는 그 등장인물에게 얼마나 호의와 혐오감을 느끼는지 측정한 것이다. 그리고 영상을 본 학생은 영상 속 등장인물의 이야기를 다른 그룹 학생에게 들려주도록 했다. 즉, 다른 그룹은 영상을 직접 보지 않고 그것을 본 학생에게서 등장인물이 어떤 사람인지 전해 들었고 그것을 근거로 등장인물을 평가하도록 한 것이다. 결과는 어땠을까?

실험 결과, 직접 영상을 본 그룹보다 이야기를 전해 들은 그룹이 등장인물을 더 나쁘게 평가했다. 영상을 직접 본 그룹에 비해 이야기만 들은 그룹이 62퍼센트나 나쁜 평가를 내렸던 것이다. 등장인물은 자신의 이야기를 고백하면서 그렇게 할 수밖에 없었던 이유나 불가항력적인 상황을 명확히 밝혔지만 학생들은 그런 정보는 거의 전달하지 않았다. 결국 비디오를 보지 못한 학생은 등장인물이 끔찍한 짓을 했다는 정보 밖에 받아들이지 못해 결과적으로 나쁘게 평가한 것이다.

이 실험은 다른 사람을 통해 듣는 이야기를 전적으로 신뢰해서는 곤란하다는 것을 보여준다. "누구누구는 이런 사람이야"라는 식의 이야기는 대부분 신뢰성이 크게 떨어질 수밖에 없다는 의미다. 누군가 다른 사람이 개입되어 듣게 되는 인물평은 자칫하면 극단적으로 흐르기 쉬우므로 편견이나 선입견이 생기지 않도록 하려면 차라리 듣지 않는 편이 좋다. 자신이 직접 만나보기 전까지는 판단을 유보하는 것이 더 낫다.

우리는 타인의 이야기를 들을 때, 듣기 좋은 이야기나 자신의 생각과 일치하는 정보에만 마음을 빼앗겨 그 이외의 것은 모두 무시해버리는 경향이 있다. 그러므로 다른 사람으로부터 이야기를 전해 들을 때는 적당히 걸러서 들을 줄 알아야 한다. 전해 들은 이야기를 전적으로 믿고 행동하면 자칫 판단을 크게 그르칠 수 있음을 기억해야 한다.

순간순간 좋은 일을 생각하는 습관을 기르는 것만으로도 건강해진다고?

캘리포니아 대학 데이비스의 로버트 에먼스 교수의 '감사 일기 쓰기 실험'

미국 캘리포니아 대학 데이비스의 로버트 에먼스 교수는 학생들을 두 그룹으로 나눠 재미있는 실험을 했다. 한 그룹에게는 일주일마다 '지난 한 주 동안 가장 감사하는 일 다섯 가지 적어오기'라는 과제를 내주고 다른 그룹에게는 '지난 한 주 동안 가장 짜증났던 일 다섯 가지 적어오기'라는 과제를 내주었다. 한 그룹에게는 '감사 일기'를, 다른 그룹에게는 '불만 일기'를 쓰게 한 셈이다. 이 실험은 10주간 진행되었고 에먼스 교수는 10주 후 두 그룹에게 몇 가지 질문을 던지며 어떤 변화가 있었는지 자세히 조사해 분석했다. 두 그룹 사이에는 어떤 차이가 있었을까?

하루하루를 건강하게 살기 위해서는 자신에게 일어난 일 중에서 '좋은 일'만 떠올리는 것이 무엇보다 중요하다. 상사에게 꾸중들은 일, 계단에서 굴러 떨어진 일, 비둘기 똥이 머리 위로 떨어진 일 따위는 되도록 빨리 잊는 것이 상책이다. 기억하고 싶지 않은 일은 잊어버리고 좋은 일만 떠올리는 것으로도 한결 건강해질 수 있다.

'나는 운이 없어'라거나 '나는 불행한 운명으로 태어났나봐'라는 식의 부정적인 생각을 하게 되면 점점 기분이 가라앉고 신체적 부조화가 일어난다. 따라서 어떠한 불행이 닥치더라도 '이건 누구에게나 일어날 수 있는 일이야'라는 마음으로 가볍게 생각하고 잊으려고 노력해야 한다. 생산성 없고 무의미한 이런저런 생각으로 고민하고 괴로워하는 것은 아무런 득도 되지 않는다.

미국 캘리포니아 대학 데이비스의 로버트 에먼스(Robert A. Emmons) 교수는 학생들을 두 그룹으로 나눠 재미있는 실험을 했다. 한 그룹에게는 일주일마다 '지난 한 주 동안 가장 감사하는 일 다섯 가지 적어오기'라는 과제를 내주고, 다른 그룹에게는 '지난 한 주 동안 가장 짜증났던 일 다섯 가지 적어오

좋은 일만 생각하기!

- HAPPY LIST •
- 강아지와 산책
- 따뜻한 커피 한모금
- 기분 좋아지는 JAZZ듣기
- 나를 위한 꽃 선물

기'라는 과제를 내주었다. 한 그룹에게는 '감사 일기'를, 다른 그룹에게는 '불만 일기'를 쓰게 한 셈이다. 이 실험은 10주간 진행되었다. 그 후 에먼스 교수는 두 그룹에게 다음과 같은 질문을 던졌다.

"당신은 자신의 인생에 만족합니까?"

"다음 일주일도 즐겁게 지낼 수 있을 것 같습니까?"

"자신의 신체적 부조화를 어느 정도로 느끼고 있습니까?"

"하루 운동하는 시간이 얼마나 됩니까?"

질문 결과 '감사 일기'를 쓴 그룹이 훨씬 더 자신의 인생에 만족감을 보였다. 그들은 미래를 낙관적으로 바라보았고 신체적인 부조화도 적었다. 또 그들은 실험이 끝난 뒤 운동하는 습관을 갖게 되었다. 한마디로 그들은 이 실험을 통해 심신이 건강해진 것이다.

감사 일기가 이토록 긍정적인 효과를 불러온다면 우리 모두 감사 일기를 써보는 게 어떨까? 예컨대 자동판매기에 동전을 넣고 버튼을 누르자 뜻밖에도 음료수가 두 개 나왔다거나 이벤트에 당첨되어 경품을 받는 등 그날 일어난 일 중에서 가장 기분 좋았던 일을 기록하는 것이다.

어쩌면 당신은 그 일기를 펼쳐 읽을 때마다 용기가 불끈 솟아오를지 모른다. 왜냐하면 그 일기에는 '좋은 일'만 기록되므로 기분이 울적할 때, 자신에게 그토록 좋은 일이 많았다는 사실을 깨닫고 자신감을 되찾을 수 있기 때문이다. 또한 감사 일기를 쓰게 되면 작은 일에도 기뻐하게 된다. 하다못해 점심으로 먹은 맛있는 김밥에서도 행복감을 느낄 수 있다.

감사 일기를 쓸 때는 나쁜 일은 절대 쓰지도 떠올리지도 말아야 한다. 그날 일어난 나쁜 일을 다시 떠올리면 기분만 나빠질 뿐 조금도 득이 될 것이 없다. 이러한 일기쓰기는 5분 내에 끝내는 것이 좋다. 매일 5분을 투자해 정신적으로나 신체적으로 건강해질 수 있다면 이보다 더 좋은 일도 없지 않을까!

욕망은 인간관계를 좌우하는 균형추다?

상대방이
당신이 원하는 대로
기억하게 하고 싶다면?

켄트 주립대학 마리아 자라고자 교수의
'인간 뇌의 기억 조작에 관한 또 하나의 실험'

켄트 주립대학 마리아 자라고자 교수는 학생들에게
'기억력 테스트'라고 속이고 다른 실험을 한 적이 있다.
그녀는 8분간 디즈니 영화의 장면을 보여준 뒤 열두
가지 질문을 했는데, 그중 네 가지는 실제로 영상에
없는 것이었다. 예를 들면 등장인물이 피를 흘리지
않았는데도 "델라니가 땅바닥에 쓰러졌을 때 어디에서
피가 흘렸지요?"라는 식으로 질문한 것이다. 자라고자
교수는 학생들을 두 그룹으로 나눠 대답에 대한 반응에
따라 어떠한 차이가 나타나는지 면밀히 조사했다. 어떤
결과가 나왔을까?

일반적으로 우리는 상대방의 태도나 감정에 따라 의견이 달라지는 경향이 있다. 예를 들어 상대방이 "나는 ○○가 싫어"라고 말할 때 "나도 왠지 그 사람이 싫더라"라는 식으로 상대방의 감정에 쉽게 호응하는 경우가 종종 있다. 쉽게 말해 상대방의 비위를 맞춰주는 것이다.

이처럼 상대방의 태도에 따라 자신의 신념과 의견을 왜곡시키는 일은 '기억'에서도 나타난다. 즉, 상대방이 좋아할 만한 일은 기억하고 상대방의 호감을 얻지 못할 만한 것은 쉽게 망각해버리는 것이다.

켄트 주립대학 마리아 자라고자(Maria S. Zaragoza) 교수는 학생들에게 '기억력 테스트'라고 속이고 다른 실험을 한 적이 있다. 그녀는 8분간 디즈니 영화의 장면을 보여준 뒤 열두 가지 질문을 했는데, 그중 네 가지는 영상에 없는 것이었다. 등장인물이 피를 흘리지 않았는데도 "델라니가 땅바닥에 쓰러졌을 때 어디에서 피가 흘렀지요?"라는 식으로 질문한 것이다.

자라고자 교수는 학생들을 두 그룹으로 나눠 대답에 대한 반응에 따라 어떠한 차이가 나타나는지를 조사했다. 한 그룹이 그녀의 질문에 특정 부위를 말했을 때 그녀는 "맞아요, 무릎이었지요? 정답!"이라며 칭찬해주었다. 하지만 또 다른 그룹이 대답했을 때는 "흠, 무릎이라……"라며 무심한 반응을 보였다. 일주일 후 그는 다시 한 번 실험 참가자들의 기억을 확인해보았다. 그러자 자라고자 교수에게 칭찬받은 학생이 무심한 반응을 받은 학생에 비해 엉터리 기억을 네 배 이상 잘 기억하고 있다는 사실이 밝혀졌다.

실제로 그런 일이 없었다고 해도 다른 사람에게 "분명히 그랬어요, 그렇죠?"라는 식의 말을 들으면 마치 그런 일이 실제로 일어났던 것처럼 믿게 된다는 얘기다. 내 어머니는 지금도 종종 "내가 너를 붙들어 앉혀놓고 열심히 가르쳤기 때문에 네가 이만큼이라도 인정받으며 살고 있는 거야"라고 말씀하신다. 그렇지만 부모님은 맞벌이를 하셨으므로 사실 어머니가 내게 뭔가를 가르쳐준 적은 거의 없었다. 그럼에도 반복해서 그런 말을 듣다 보니 '어머니가 당신 말씀대로 나를 붙들어 앉히고 열심히 가르친 것 같기도 해. 그저 내가 자세히 기억을 못할 뿐이지 틀림없이 그러셨을 거야'라는 식으로 기억이 차츰 바뀌어간다. 그러다 보니 가끔은 속는 듯한 느낌이 들기도 하지만 그래도 어머니에게 감사하는 마음이 더해간다.

사람을 속이는 일은 의외로 간단하다. 실제로 일어나지 않은 일이라도 계속 주장하면 상대방의 기억도 바뀌어 "그러고 보니 그런 일이 있었던 것 같아"라는 식으로 변하는 것이다.

인간 뇌는 팩트를 왜곡해서 기억할 뿐 아니라 적극적으로 조작하기까지 한다는데?

크리스천 브라더스 대학 브라이언 버넌 박사의 '인간 뇌의 기억 조작에 관한 실험'

미국 테네시주 크리스천 브라더스 대학 브라이언 버넌 박사는 유도심문이 어느 정도까지 기억을 바꿔놓는지 실험을 통해 검증했다. 버넌 박사는 우선 30명의 학생에게 클레이 애니메이션 〈월레스와 그로밋〉의 장면을 5분간 보여주었다. 그런 다음 그는 질문을 던졌다.
"월레스는 그로밋이 외출하려고 할 때 뭐라고 말했나요?"
사실, 월레스는 아무 말도 하지 않았지만 마치 무슨 말을 한 것처럼 질문을 해본 것이다.
이 실험에서 버넌 박사도 독자 여러분도 깜짝 놀랄 만한 결과가 나왔다. 과연 어떤 결과가 나왔을까?

인간의 '기억'은 그리 믿을 만한 것이 못 된다. 컴퓨터와 달리 사실을 정확하게 기억해내지 못하기 때문이다. 오히려 사실을 제멋대로 왜곡하거나 오해해서 의미를 부여한다고 보아도 무리가 없을 정도다. 역사를 논의할 때 학자마다 다른 의견이 제기되는 이유도, 역사를 정확히 기록하는 일 자체가 매우 어려운 작업인데다 인간의 기억이라는 것이 도무지 믿을 만하지 못하기 때문이다.

우리의 기억은 질문하는 방법에 의해서도 적잖이 영향받는다. 실제로는 그런 일이 전혀 일어나지 않았음에도 유도심문을 받으면 "그런 일이 있었던 것 같기도 하고……"라는 식으로 기억이 왜곡되기 십상이다.

미국 테네시주 크리스천 브라더스 대학 브라이언 버넌(Brian Vernon) 박사는 유도심문이 어느 정도까지 기억을 바꿔놓는지 실험을 통해 검증했다. 버넌 박사는 우선 30명의 학생에게 클레이 애니메이션 〈월레스와 그로밋〉의 장면을 5분간 보여주었다. 그런 다음 그는 질문을 던졌다.

"월레스는 그로밋이 외출하려고 할 때 뭐라고 말했나요?"

사실, 월레스는 아무 말도 하지 않았지만 마치 무슨 말을 라떼는 말이야...

한 것처럼 질문을 해본 것이다.

그러자 놀랍게도 정확하게 사실을 떠올린 사람은 30명 중에서 23퍼센트에 해당하는 7명에 불과했다. 77퍼센트에 해당하는 나머지 23명은 "잠깐 기다려!" 혹은 "가지마!"라고 말한 것 같다며 제멋대로 기억을 조작해냈다.

이 실험에서 학생들이 애니메이션을 본 시간은 정확히 5분이었다. 단, 5분간의 내용만 기억하면 되는 것이었다. 더욱이 내용 확인 작업은 애니메이션을 끄자마자 곧바로 이루어졌다. 그럼에도 77퍼센트의 학생이 정확한 대답을 하지 못했다. 우리의 기억이 얼마나 불확실하며 제멋대로인지 알겠는가?

"지난번에 말한 서류는 어떻게 되었나?"

"서류라뇨?"

"아니, 지난번에 분명히 말했잖아."

"저는 그런 얘기를 들은 적이 없는데요."

이런 식으로 종종 언쟁이 벌어지는 이유도 우리의 기억이 정확하지 않기 때문이다. 두 사람 모두 자신의 기억력에 자신감을 보이지만, 본래 인간의 기억이라는 것 자체가 믿을 만하지 못하다. 예를 들어 물적 증거 없이 목격자 증언에만 의존해야 하는 재판은 오래 끌게 마련인데, 이는 목격자의 증언에 신빙성이 떨어지기 때문이다. 그래서 경찰이나 검찰은 늘 결정적 단서를 찾기 위해 동분서주한다.

세상의 수많은 부모가 자식에게 종종 하는 말 가운데 "아빠가 학교 다닐 때 얼마나 공부를 잘했는지 알아?" 혹은 "엄마가 왕년에 얼마나 인기가 좋았는데……" 등이 있다. 이런 말은 모두 엉터리 기억에 근거한 것이다. 불과 5분 전의 일도 정확하게 떠올리지 못하는데, 어떻게 몇십 년 전의 일을 정확하게 기억할 수 있단 말인가?

레즈비언이 아닌 여성도 '여성의 아름다움'에 마음을 빼앗긴다?

플로리다 주립대학 존 메이너 교수의
'여성의 아름다움에 대한 남자와 여자의 반응 실험'

미국 플로리다 주립대학 존 메이너 교수는 남녀를 떠나 인간은 누구나 '여성의 아름다움'에 마음을 빼앗긴다는 사실을 입증했다. 그의 체계적인 조사와 실험 결과에 따르면, 아름다운 여성을 보고 마음이 즐거워지는 것이 남자만의 이야기는 아니라고 한다. 남자뿐 아니라 여자도 아름다운 여성에게 매료된다는 얘기다. 그의 실험 결과에 따르면, 실제로 여성도 아름다운 여성을 보면 남성과 마찬가지로 도취되는 기분을 느낀다고 한다. 여성의 아름다움이 경이롭지 않은가!

사람에 따라 '아름답다'고 느끼는 대상은 저마다 다르다. 하지만 대부분의 사람이 공통적으로 아름다움을 느끼고 인정하는 존재가 바로 '여성'이다. 인류 역사상 수많은 화가가 여성을 그렸으며 수많은 조각가가 여성을 조각했다. 왜 그럴까? 이유는 간단하다. 세상에서 가장 아름다운 존재가 바로 여성이기 때문이다.

여성의 몸은 남성의 몸에 비해 둥근 곡선 형태를 띤다. 여성의 가슴과 엉덩이, 허리에서는 남성에게서 찾아보기 힘든 곡선을 발견할 수 있는데, 그 곡선이 바로 아름다움의 비밀이다. 특히 등에서 엉덩이에 이르는 '비너스 라인'이라고 불리는 곡선은 자신도 모르게 탄성이 나올 정도로 아름다움을 느끼게 한다. 남성은 물론 여성도 다른 여성의 몸매를 찬미할 정도다.

미국 플로리다 주립대학 존 메이너(Jon K. Maner) 교수는 남녀를 떠나 인간은 누구나 '여성의 아름다움'에 마음을 빼앗긴다는 사실을 입증했다. 그의 체계적인 조사와 실험 결과에 따르면, 아름다운 여성을 보고 마음이 즐거워지는 것이 남자만의 이야기는 아니라고 한다. 남자뿐 아니라 여자도 아름다운 여성에게 매료된다는 얘기다. 그의 실험 결과에 따르면, 실제로 여성도 아름다운 여성을 보면 남성과 마찬가지로 도취되는 기분을 느낀다고 한다.

어디서나 흔히 볼 수 있는 잡지를 장식하는 모델은 절대 다수가 남성이 아니라 여성이다. 여성모델이 남성모델보다 압도적으로 많은 것은 왜일까? 그것은 여성모델을 이용해 광고를 하면 훨씬 더 많은 주목을 받을 수 있을 뿐 아니라 잡지 구매율도 높아진다는 계산이 깔려 있기 때문이다.

여성 차별 등의 이유로 논란의 대상이 된 미인대회는 최근들어 많이 줄어들긴 했으나 '미스 ○○ 선발대회' 등의 이름으로 아름다움을 겨루는 콘테스트는 여전히 존재한다. 그에 반해 남성의 아름다움을 겨루는 콘테스트는 매우 드물다. 남성의 아름다움을 겨루는 콘테스트가 거의 없는 것은 남성의 아름다움과 여성의 아름다움 사이에 커다란 차이가 있기 때문이다.

세상에서 가장 아름다운 존재는 여성이고, 그 아름다움을 감상하고 싶어 하는 욕구가 남성뿐 아니라 여성에게도 있음을 잊어서는 안 된다. 그런 의미에서 미인대회는 결코 사라지지 않을 것이다.

남의 말을 100퍼센트 정확하게 듣는 것이 불가능한 이유는?

트리니티 대학 메리 인먼 박사의
'남의 말 정확히 듣기 능력 측정 실험'

미국 텍사스주 트리니티 대학 심리학자 메리 인먼 박사는 사람이 말을 어느 정도나 정확하게 듣는지를 실험한 적이 있다. 실험 참가자들은 "남의 말을 듣는 것은 간단하지요. 전 늘 그렇게 하는 걸요"라며 당연하다는 듯 말했다. 그러나 실제 실험 결과 그것이 얼마나 어려운 일인지 밝혀졌다. 실험 참가자들은 필요 이상의 의견을 덧붙이거나 모순이 있는 정보를 멋대로 무시하는 등 남의 말을 있는 그대로 듣지 못했던 것이다. 좀 더 자세한 실험 결과가 궁금하다면 내용 속으로 들어가보자.

우리는 어린 시절부터 '부모님 말씀을 잘 들어야 한다'거나 '선생님이 하시는 말씀을 잘 들어라' 등의 말을 귀에 못이 박이도록 들으며 자란다. 물론 성인이 되어서도 '남이 하는 말을 귀담아 들어야 한다'는 충고를 귀가 따갑도록 듣는다. 실제로 처세술이나 비즈니스 관련 서적을 보면 '경청의 중요성'을 빠뜨린 것이 없다.

왜 그런 충고가 거의 평생을 통해 되풀이되는 걸까? 그것은 남의 이야기를 잘 듣는 것이 그만큼 어려운 일이기 때문이다. 대다수가 남의 이야기를 잘 듣지 못한다. 즉, 상대방의 이야기를 제대로 이해하지 못하는 것이다. 만약 우리가 한 번 들은 이야기를 모두 이해하고 결코 잊지 않는다면 남의 이야기를 잘 들으라는 충고를 굳이 할 필요가 없다. 누구나 할 수 있는 일을 애써 강조할 필요가 어디 있겠는가. 다른 사람에게 여러 번 주의를 받는다는 것 자체가 남의 이야기를 듣는 일이 생각처럼 쉽지 않다는 사실을 증명한다.

그렇다면 남의 이야기를 잘 듣는 것이 왜 어려울까? 그것은 우리가 남의 이야기를 곧이곧대로 받아들이지 않고 거기에 제멋대로 해석을 더하기 때문이다. 상대가 한 말에 자신의 해석이 더해지면 상대가 한 말과 방향이 어긋나게 된다. 이것이 남의 이야기를 순수하게 듣지 못하는 중요한 이유다.

미국 텍사스주 트리니티 대학 심리학자 메리 인먼(Mary L. Inman) 박사는 사람이 말을 어느 정도나 정확하게 듣는지를 실험한 적이 있다. 실험 참가자들은 "남의 말을 듣는 것은 간단하지요. 전 늘 그렇게 하는 걸요"라며 당연하다는 듯 말했다. 하지만 실제 실험 결과 그것이 얼마나 어려운 일인지 밝혀졌다. 실험 참가자들은 필요 이상의 의견을 덧붙이거나 모순이 있는 정보를 멋대로 무시하는 등 남의 말을 있는 그대로 듣지 못했던 것이다.

예를 들어 말하는 사람이 "……라는 것도 충분히 생각해볼 수 있다"라고 애매하게 말해도 듣는 사람은 "……가 틀림없다"라거나 "분명 ……다"라고 제멋대로 단정적 표현으로 바꿔놓았다. 더욱 놀라운 것은 이런 현상이 아주 흔하게 일어난다는 점이다.

어지간히 주의하지 않으면 남의 이야기를 정확하게 듣는 것은 거의 불가능하다. 오해를 막으려면 방금 들은 것을 그대로 따라서 말해보거나 메모한 것을 상대에게 보여주며 확인을 받는 것이 좋다. 특히 부하직원이나 후배에게 구두로 지시를 할 때는 반드시 오해가 생길 것을 염두에 두고 세 번 정도 같은 말을 되풀이할 필요가 있다. 이것은 한 번만 들려주는 것보다 훨씬 좋은 방법이다.

설명을 할 때도 구체적으로 하지 않으면 듣는 사람이 제대로 이해할 수 없다. '말하지 않아도 통한다'라는 말은 어디까지나 착각일 뿐이다. 물론 말을 하지 않아도 손발이 척척 맞는 사람도 있긴 하지만 이는 매우 드문 경우다. 나는 독자 여러분에게 자신이 한 말을 귀에 못이 박이도록 되풀이해서 들려주어야만 상대방이 좀 더 명확히 이해할 수 있다는 사실을 꼭 기억하라고 권하고 싶다.

예술작품에 몰입하면
자신도 모르게
아름다워진다고?

캔자스 주립대학 얼 시네트 박사의
'예술을 사랑하는 사람은 자신도 아름다워진다'는 이론

미국 캔자스 주립대학 얼 시네트 박사는 그림과 문학,
음악 등 예술작품을 접하는 일이 '자신을 아름답게
하는 효과'를 높인다고 얘기한다. 그는 스스로 시와
사진에 몰입해 자신이 아름답게 변해가는 것을 몸소
체험한 심리학자다. 시네트 박사는 순수하게 감동받을
수 있다면 예술 장르는 어떤 것이라도 상관없다고
말한다. 사람에 따라 영화를 보며 감동을 받는 경우도
있고, 디즈니 애니메이션을 보면서 감동을 느낄 수도
있다. 조각을 보고 감동하는 사람이 있는가 하면
그림을 보면서 감동하는 사람도 있다. 이렇듯 그
자체로 좋은 것이며 순수하게 감동을 느낄 만한 대상이
있으면 인생은 더욱더 풍요로워진다. 시네트 박사의
권유에 따라 예술을 사랑하고 음미하며 사는 인생을
일구어보는 건 어떨까.

예술이 인간에게 좋은 경험을 만들어주고 인생을 더욱더 풍요롭게 해준다는 것은 분명한 사실이다. 그러므로 동서고금의 훌륭한 예술작품을 감상하는 일은 그 자체로 소중한 경험이며 좋은 자극이 된다.

미국 캔자스 주립대학 얼 시네트(Earl R. Sinnett) 박사는 그림과 문학, 음악 등 예술작품을 접하는 일이 '자신을 아름답게 하는 효과'를 높인다고 얘기한다. 그는 스스로 시와 사진에 몰입해 자신이 아름답게 변해가는 것을 몸소 체험한 심리학자다.

이처럼 미적인 경험은 인간을 아름답게 만들어준다. 그러므로 특히 자기 혐오감이 강해 항상 불만이 많은 사람은 예술작품을 되도록 자주 접하기를 권해주고 싶다. 좋은 그림을 감상하거나 멋진 음악을 듣고 감동하는 경험을 쌓으면 마음속 더럽혀진 부분이 정화되기 때문이다. 인간의 마음은 질투와 선망 혹은 빈정거림, 불만 등 부정적인 감정으로 가득 차 있다. 그러나 그러한 기분도 예술작품을 접하며 정화될 수 있다.

시네트 박사는 순수하게 감동받을 수 있다면 예술 장르는 어떤 것이라도 상관없다고 말한다. 사람에 따라 영화를 보며 감동을 받는 경우도 있고, 디즈니 애니메이션을 보면서 감동을 느낄 수도 있다. 조각을 보고 감동하는 사람이 있는가 하면 그림을 보면서 감동하는 사람도 있다. 이렇듯 그 자체로 좋으며 순수하게 감동을 느낄 만한 대상이 있으면 인생은 더욱더 풍요로워진다.

나는 특히 문학작품을 통해 자주 감동을 받는다. 때로는 소설에 나오는 등장인물에 몰입해 눈물을 흘리기도 한다. 좋은 소설을 읽고 나면 시네트 박사의 말처럼 '내 자신이 아름답게 변해가는 것'을 느낄 수 있을 정도다.

역사 속 인물의 삶을 곰곰이 들여다보면 대부분 예술을 무척 좋아했음을 알 수 있다. 예를 들어 19세기에 영국 총리를 두 차례 역임한 벤저민 디즈레일리(Benjamin Disraeli, 재임 1868, 1874~1880)는 문학을 특히 사랑해 다수의 소설, 시, 에세이 작품을 발표했으며 심지어 총리 기간에도 소설을 쓸 정도로 문학에 심취했다. 정치 공부만 한다고 해서 일류 정치학자가 되는 것은 아니다. 경제 공부만 한다고 해서 일류 경제학자가 되는 것도 아니다. 인간미를 지닌 인간으로 성장하기 위해서는 예술적인 감성을 갈고닦을 필요가 있다.

정서가 메마르다거나 삶이 따분하게 느껴진다면 예술 작품을 찾아 감상해보기 바란다. 그것이 인생의 황량함을 극복할 수 있게 해주는 가장 간단하고도 확실한 방법이다.

'제 눈에 안경'인 사람이
행복할 수밖에 없는 이유는?

뉴욕 주립대학 샌드라 머리 교수의
'행복한 커플의 공통적 요소 찾기 실험'

미국 뉴욕 주립대학 샌드라 머리 교수는 캐나다 남부
온타리오주의 공업도시 키치너와 그 북서부 워털루에
사는 부부 77쌍 및 동거 중인 28커플을 대상으로 어떤
커플이 행복한가를 조사했다. 이 조사는 2년 이상
함께 생활한 커플을 대상으로 이루어졌는데, 그중에는
행복하게 생활하는 커플도 있었고 당장이라도 파경을
맞을 것처럼 위태로운 커플도 있었다. 머리 교수가
이들을 조사한 목적은 그들 중 진정으로 행복한
커플에게서 공통적인 요소를 찾아내는 데 있었다. 이
실험에서 어떤 결과가 나왔을까?

인간관계에서는 현실을 있는 그대로 인식하지 않는 것도 괜찮다. 오히려 상대방은 자신의 장점을 잘 찾아낼 수 있도록 결점을 무시하거나 미화시켜주는 등 '편애'하는 것을 더 좋아한다. 따라서 자신을 평가할 때는 엄격해야 하지만 타인에 대해서는 조금 후한 것이 좋다.

현실을 그대로 인식해 "당신은 약속을 잘 지키지 않는 사람이군요"라거나 "당신은 불결한 사람이에요"라는 말을 하면 상대방은 불쾌하게 여길 뿐이다. 사소한 결점은 눈감아주고 "당신에게는 이런 좋은 점이 있군요"라거나 "이런 점이 멋져요" 등의 후한 평가를 해주면 아주 좋아한다.

미국 뉴욕 주립대학 샌드라 머리(Sandra L. Murray) 교수는 캐나다 남부 온타리오주의 공업도시 키치너와 그 북서부 워털루에 사는 부부 77쌍 및 동거 중인 28커플을 대상으로 어떤 커플이 행복한가를 조사했다. 이 조사는 2년 이상 함께 생활한 커플을 대상으로 이루어졌는데, 그중에는 행복하게 생활하는 커플도 있었고 당장이라도 파경을 맞을 것 같은 커플도 있었다. 머리 교수가 이 조사를 한 목적은 그들 중 진정으로 행복한 커플에게서 공통적인 요소를 찾아내는 데 있었다.

조사 결과, 서로 행복하게 사는 커플은 '왜곡된 지각'을 하고 있음이 밝혀졌다. "제 파트너는 이렇게 많은 장점이 있답니다"라며 마치 상대가 이상형인 것처럼 자신을 속이고 왜곡된 해석을 하는 사람일수록 만족감이 높았던 것이다. 마마자국도 보조개로 보인다는 말처럼 '제 눈에 안경' 상태에 빠진 사람일수록 행복했다는 얘기다.

있는 그대로 현실을 인식하려 하면 나쁜 점만 눈에 띄기 십상이다. 입 냄새도 느껴지고 자세히 보니 별로 잘생긴 얼굴도 아니며 잔소리가 심하다는 등의 결점이 눈에 들어오는 것이다. 이런 식이라면 상대와의 만남이 즐거울 리 없고 당연히 만족감은 떨어질 수밖에 없다.

인간관계가 즐거워지는 비결은 자신의 지각을 속이는 데 있다. '내게 최고의 상대'라는 생각이 든다면 어리석은 아내나 평범한 남편일지라도 즐겁게 살 수 있는 것이다. 사실 그것이 바로 삶의 지혜가 아닐까?

남을 평가할 때는 지나치게 객관적이고 냉정한 것보다는 후한 점수를 매겨줄 정도의 유연함이 필요하다.

담배 연기가
'화'를 불러일으킨다고?

인디애나 대학 돌프 질만 교수의
'담배가 사람들의 화를 불러일으키는 정도 측정 실험'

미국 인디애나 대학 돌프 질만 교수는 담배 냄새가
가득한 방과 냄새가 나지 않는 방을 준비해 사람들의
반응을 조사하는 실험을 했다. 이 실험에서 질만
교수는 실험 참가자에게 영상을 보고 있을 때의
생리반응을 조사한다고 귀띔한 뒤 참가자의 팔에
여러 가지 기계를 연결하고는 움직이지 않도록 여러
번 당부했다. 하지만 이 실험은 참가자들의 화를
불러일으키는 것이 본래 목적이었기에 팔을 전혀
움직이지 않는데도 질만 교수는 움직이지 말라고
소리치며 그들이 얼마나 억울해하거나 화를 내는지
조사했다. 그들은 각각의 조건에서 어떤 반응을
보였을까?

나는 애연가이기는 하지만 다른 사람의 담배 연기는 싫어한다. 내가 피우는 담배 연기를 들이마시는 것만으로도 건강을 해치는데 간접흡연으로 다른 사람의 연기까지 들이마시고 싶지는 않다. 평소 내가 다른 사람 앞에서 담배를 피우지 않고 혼자 숨어서 피우다시피 하는 것은 그래서다. 다른 사람에게 되도록 피해를 끼치고 싶지 않기 때문이다.

여전히 어떤 회사에서는 흡연구역을 따로 지정해놓지 않아 사무실 안이 온통 담배 연기로 자욱한 곳이 있다. 단언하건대, 그런 회사에서는 사원들 간 인간관계가 그리 원만하지 않을 것이다. 왜냐하면 담배 연기에는 사람들로 하여금 '화'를 불러일으키는 나쁜 효과가 있기 때문이다.

미국 인디애나 대학 돌프 질만(Dolf Zillmann) 교수는 담배 냄새가 가득한 방(실험자가 미리 타르 3㎎, 니코틴 0.3㎎ 담배를 피워놓았다)과 냄새가 나지 않는 방을 준비해 사람들의 반응을 조사하는 실험을 했다. 이 실험에서 질만 교수는 실험 참가자에게 영상을 보고 있을 때의 생리반응을 조사한다고 귀띔한 뒤 참가자의 팔에 여러 가지 기계를 연결하고는 움직이지 않도록 여러 번 당부했다. 하지만 이 실험은 참가자의 화를 불러일으키는 것이 본래 목적이었기에 실험 참가자가 팔을 전혀 움직이지 않는데도 질만 교수는 다음과 같이 소리치며 나무랐다.

"움직이지 말라고 했잖아요. 자꾸 움직이면 정확한 데이터를 뽑을 수 없어요. 왜 지시사항에 따르지 않는 거죠? 그게 그토록 어려운 일인가요?"

실험 결과, 실험 참가자가 억울해하며 화를 내는 정도는 냄새가 나지 않는 방보다 담배 연기가 가득 찬 방에서 2.8배나 더 많이 나타났다. 이는 담배 연기에 화를 증폭시키는 효과가 있기 때문이다.

환기시설이 좋지 않아 담배 냄새가 깊이 배어버린 가게에서는 손님이 이따금 이유 없이 화를 내기도 한다. 특히 비좁은 선술집의 경우 난폭하게 구는 손님도 많다. 그것은 따지고 보면 괴팍한 손님 탓이라기보다는 공기가 나쁘기 때문이다. 담배 연기는 사람들의 불안감을 높이므로 타인의 호감을 얻으려면 담배를 피우지 않는 것이 좋다. 담배 연기로 서로의 마음이 초조해지고 이유 없이 충돌하는 일이 늘어날 수 있기 때문이다.

만약 아무런 이유도 없이 초조한 느낌이 든다면 자신이 머물고 있는 곳의 공기가 나쁘지 않은지 점검해보기 바란다. 화가 나는 근본 원인을 알게 되면 적어도 참을 수 있는 힘이 생기기 때문이다. '내가 화가 나는 이유는 담배 연기 때문이야'

라는 사실을 깨닫게 되면 상대방에게 무턱대고 화를 내는 일은 눈에 띄게 줄어들 것이다.

흡연자 자신에게는 담배가 긴장을 풀어주는 효과를 가지고 있지만 주변 사람에게는 피해밖에 줄 것이 없음을 명확히 인식하고 배려하는 마음을 가져야 하지 않을까.

반지를 움직인 것은
초능력이 아니라
손이라고?

보스턴 칼리지 심리학과 랜돌프 이스턴 교수의
'슈브뢸 진자 착시의 정보 처리 분석' 연구

반지를 실에 걸어 늘어뜨린 후 염력으로 반지를
이리저리 움직이게 하는 초능력 실연을 본 적이 있을
것이다. 그런데 진짜 초능력의 힘일까? 매사추세츠주
보스턴 칼리지 심리학과 랜돌프 이스턴 교수는
"만약 실제로 염력이 있다면 자기 힘이 가해지지
않도록 반지에 실을 연결하지 않은 상태에서 반지를
움직여야 한다"라고 지적한다. 그러나 실제로 그런
일은 가능하지 않다. 반지를 이용해 점을 칠 때 자신은
절대로 손가락을 움직이지 않았다고 주장하지만 팔
근육의 움직임을 확인하는 장치로 실험해보면 근육의
움직임이 명확히 드러난다. 자신도 모르는 사이에 몸을
움직이는 것이다.

초능력 관련서에서 자신에게 어느 정도의 초능력이 있는지 간단하게 알아보는 방법으로 소개하는 것이 있다. 그때 필요한 것은 딱 두 가지, '반지'와 '실'만 있으면 된다. 먼저 반지에 실을 통과시켜 수직으로 늘어뜨린 후 엄지와 검지 끝으로 가볍게 쥔다. 그리고 마음속으로 '움직여라, 움직여라!'라고 주문을 건다.

어떻게 될까? 놀랍게도 반지가 천천히 움직이기 시작한다. 반지가 조금이라도 움직이기 시작하면 이번에는 '크게 움직여라, 좀 더 크게!'라고 주문을 건다. 그러면 반지는 정말로 눈에 띄게 크게 흔들리기 시작한다. 이것에 익숙해진 후 '오른쪽으로 움직여!' 혹은 '왼쪽으로 돌아!'라는 식으로 주문을 걸면 반지는 자신이 생각하는 대로 움직이기 시작한다.

여기까지 해본 뒤 '우와, 나에게도 초능력이 있잖아!'라고 생각하는 사람이 있을 것이다. 그런데 이것은 초능력도 뭣도 아니다. 이는 심리학에서는 잘 알려진 것으로 '슈브뢸 진자(振子)'라는 현상이다. 초능력 관련서에는 이와 유사한 훈련법이 여러 가지 소개되어 있지만 유감스럽게도 초능력이 아니다.

그렇다면 반지는 왜 움직였을까? 이에 대해서는 "반지가 움직인 것이 아니라 당신의 손가락이 움직였다"라고 답할 수 있겠다. 그러면 "나는 절대로 손가락을 움직이지 않았어요!"라고 이의를 제기하는 사람이 있을 것이다. 그러나 당신이 손가락을 움직인 게 맞다. 다만 느끼지 못한 것뿐이다. 그러므로 이는 염력도 아니고 초능력도 아니다.

매사추세츠주 보스턴 칼리지 심리학과 랜돌프 이스턴(Randolph D. Easton) 교수는 "만약 진짜로 염력이 있다면 자기 힘이 가해지지 않도록 반지에 실을 연결하지 않은 상태에서 반지를 움직여야 한다"고 지적한다. 물론 실제로 그런 일은 가능하지 않다. 반지를 이용해 점을 칠 때 본인은 절대로 손가락을 움직이지 않았다고 주장하지만, 팔 근육의 움직임을 확인하는 장치로 실험해보면 근육의 움직임이 명확히 드러난다. 자신도 모르는 사이에 몸을 움직이는 것이다.

손으로 만지지 않았는데도 물체가 움직였다면 뭔가 장치가 숨어 있다고 보아야 한다. 눈에 보이지 않는 피아노 줄로 연결되어 있거나 물체 밑 테이블에 장치를 해놓았을 수도 있다.

손을 대지 않고 염력만으로 물체를 움직이게 하는 것은 꿈 같은 이야기로 현실적으로는 일어나기 힘들다.

CHAPTER
3

인간 뇌를 이해하면
상대방의 심리가
한눈에 보인다

20세의 얼굴 표정으로
50세의 결혼생활
만족도를 예측할 수 있다?

캘리포니아 대학 버클리의 리앤 하커 박사의
'여학교 졸업생 얼굴 사진 분석 조사'

캘리포니아 대학 버클리의 리앤 하커 박사는 한
여학교의 졸업 앨범을 이용해 졸업생의 얼굴
사진을 분석했다. 사진에 찍힌 얼굴이 웃고 있는지
무표정한지를 조사해 졸업 후 여학생들이 어떤
삶을 살고 있는지 추적, 조사한 것이다. 하커 교수는
졸업생들이 27세, 43세, 52세가 된 시점에 여러 번
설문지를 보내 다양한 질문을 했다. 이 조사에서 그는
일반적인 미의 기준과 관계없이 순수하게 '풍부한
표정'만을 조사했다. 과연 어떤 결과가 나왔을까?

표정이 풍부한 사람일수록 행복한 인생을 산다고 한다. 무표
정한 얼굴로 감정 표현 없이 살면 행복해지기 어렵다. 어떤
말을 해도 "아, 그래요?"라는 반응밖에 보이지 않는 사람은
스스로 자신의 행복을 포기하는 사람이라고 할 수 있다. 표정
의 풍요로움과 인생의 행복은 비례관계에 있기 때문이다.

인생을 즐겁게 살고 싶다면 평소 거리낌 없이 웃고 풍부한
표정을 짓는 연습을 하라고 권하고 싶다. 그리고 기왕에 웃을
거면 입을 크게 벌리고 활짝 웃는 게 좋다. 실제로 자주, 그리
고 활짝 웃으면 놀라우리만큼 인생이 즐거워진다.

캘리포니아 대학 버클리의 리앤 하커(LeeAnne Harker) 박사
는 한 여학교의 졸업 앨범을 이용해 졸업생의 얼굴 사진을 분
석했다. 사진에 찍힌 얼굴이 웃고 있는지 무표정한지를 조사
해 졸업 후 여학생들이 어떤 삶을 살고 있는지 추적, 조사한
것이다. 하커 교수는 졸업생들이 27세, 43세, 52세가 된 시점
에 여러 번 설문지를 보내 다양한 질문을 했다. 이 조사에서
그는 일반적인 미의 기준과 관계없이 순수하게 '풍부한 표정'
만을 조사했다.

그 결과, 졸업한 시점(21세 전후)의 표정으로 30년 이후의 '결

20세의 얼굴 표정으로
50세의 결혼 생활을 예측!

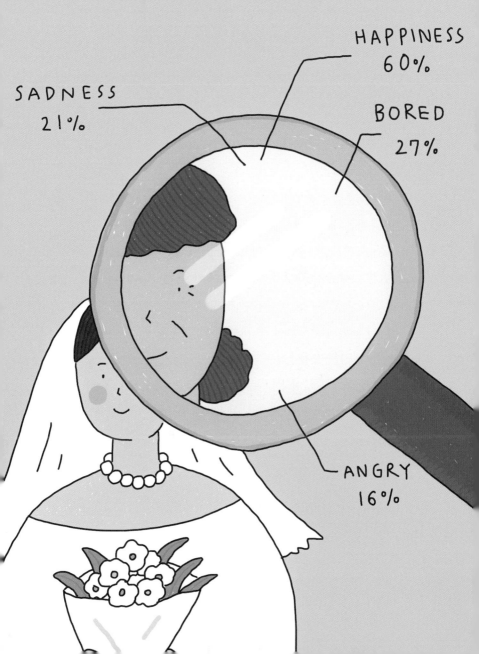

HAPPINESS
60%

BORED
27%

SADNESS
21%

ANGRY
16%

혼 만족도', 나아가 '건강 정도'까지 예측할 수 있다는 사실이 밝혀졌다. 즉, 학창시절에 표정이 풍부하고 잘 웃은 사람은 30년 이후까지도 행복하게 살고 있었던 것이다.

마음껏 웃어라. 많이 웃으면 웃을수록 행복한 결혼생활이 보장되는 것은 물론이고 오래오래 건강하게 살 수 있다. 풍부한 표정을 가진 사람이 되는 데는 특별한 훈련이 따로 없으며 대단한 비결이 있는 것도 아니다. 그냥 웃으면 된다. 웃으려 해도 웃는 방법을 모르겠다면 입꼬리를 올리고 눈꼬리를 내리는 훈련을 해보는 것도 좋다. 거울을 보면서 그런 표정을 만든 다음 계속해서 그 상태를 유지하려고 노력하면 된다. 이 방법은 생각보다 어렵지 않으므로 누구나 곧바로 실천할 수 있다. 그래도 잘 웃어지지 않는다면 비즈니스 세미나나 '웃는 방법'을 가르쳐주는 곳을 찾아가 하루 정도 참가해보는 것도 좋다. 그렇게 함으로써 좀 더 풍부한 표정을 만드는 비결을 익힐 수 있을 것이다.

결국 '웃으면 복이 온다'는 말은 과학적으로 증명된 셈이다. 웃는 사람에게는 반드시 행복이 찾아온다. 속는 셈치고 오늘부터 큰소리로 웃는 습관을 들여보자. 그러면 곧바로 효과가 나타나 행복이 찾아올 것이다. '나는 행복하지 않다'라는 식의 안 좋은 표정을 짓고 있으면 행복은 저 멀리 달아나버린다. 억지웃음이라도 상관없다. 웃고 또 웃어라.

부부간에는
마음에 없는 칭찬보다
있는 그대로의 평가가
관계에 더 도움이 된다?

텍사스 대학 윌리엄 스완 박사의
'자신과 파트너에 대한 평가와 친밀감 조사'

미국 텍사스 대학 윌리엄 스완 박사는 부부 90쌍, 연인
95쌍을 대상으로 지적 능력, 외모, 운동 능력, 인간관계
등의 항목에서 자신과 파트너에 대해 평가하게
했다. 이는 자기 평가와 파트너에게서 받는 평가의
차이를 조사하기 위한 것이었는데, 그 결과가 상당히
흥미롭다. 연인 사이와 부부 사이일 때 서로 다른
상황이 펼쳐진 것이다.

연인과 함께 있을 때는 자주 그의 장점을 언급하며 적극적으로 칭찬하라고 권하고 싶다. 그것이 바로 좋은 관계를 오래 유지하는 가장 간단하고도 확실한 방법이기 때문이다. 누군가에게 칭찬을 들었을 때 마음이 즐거워지는 데는 예외가 없다. 그것은 인간의 본성으로 당연한 일이다. 문제는 결혼한 이후다. 결혼하고 난 뒤에는 지나친 칭찬이 오히려 독이 될 수 있다. 상대를 비난하는 것은 물론 삼가야 하지만 빤히 보이는 칭찬도 그다지 효과를 발휘하지 못한다. 말하자면 일단 결혼한 후에는 '입에 발린 소리'는 잘 통하지 않는다는 것이다.

미국 텍사스 대학 윌리엄 스완(William B. Swann Jr.) 박사는 부부 90쌍, 연인 95쌍을 대상으로 지적 능력, 외모, 운동 능력, 인간관계 등의 항목에서 자신과 파트너에 대해 평가하게 했다. 이것은 자기 평가와 파트너에게서 받는 평가의 차이를 조사하기 위한 것이다.

그 결과 연인 사이에서는 자기 평가보다 파트너로부터의 평가가 높은 경우, 즉 파트너에게서 좋은 평가를 받으면 받을수록 사이가 좋게 나타났다. 그런데 결혼한 부부는 자기 평가와 파트너로부터의 평가가 정확히 일치하는 경우에 친밀감이 높았다. 부부 사이에서는 자신을 정확하게 평가해주는 것을 더 좋아하는 것이다. 예를 들어 남편이 스스로 '화를 잘 낸다'고 평가했을 때 아내 또한 '남편은 화를 잘 낸다'라고 평가하면 오히려 기뻐한다는 것이다. 이것은 자신을 잘 이해해주고 있다고 생각하기 때문일 수 있다. '나를 제대로 파악하고 있군. 역시 우린 일심동체 부부야'라는 마음이 생기는 것이다.

'칭찬' 작전은 연인 사이에서만 통할 뿐 결혼 후에는 별로 통하지 않는 모양이다. 열심히 칭찬해주고도 상대에게서 "당신은 대체 나를 제대로 알고 있기나 한 거야?"라는 말을 들으면 본전도 못 찾는 것이 아닌가?

칭찬은
왜 단둘이 있을 때
하는 것이 좋을까?

레이던 대학 로스 폰크 교수의
'칭찬에 대한 반응 실험'

네덜란드 자위트홀란트주 레이던 대학 로스 폰크
교수는 옆에 제3자가 있을 때 "당신은 재미있는
사람이다"라거나 "나는 당신처럼 정직한 사람이
좋다"라고 칭찬하게 하는 실험을 했다. 그러자
칭찬해준 사람으로부터는 좋은 평가를 받았지만
그 장면을 옆에서 지켜본 제3자로부터는 '비굴하고
불쾌하다'는 평가를 받는다는 사실을 알아냈다. 인간의
어떤 보편적 심리로 인해 이런 결과가 나왔을까?

누군가를 칭찬하고 싶다면 주위에 다른 사람이 없을 때 조용하게 하는 것이 좋다. 즉, 되도록 칭찬하고 싶은 상대와 단둘이 있을 때 칭찬하라는 조언이다. 당신이 만일 누군가를 칭찬하고자 한다면 그 말이 입 밖으로 나오기 전 주위 상황을 잘 살핀 뒤 해야 한다. 주위에 사람이 많이 있으면 단둘이 있게 될 때까지 기다리는 것이 좋다.

"왜 그래야 하죠? 사람이 많은 곳에서 칭찬하면 칭찬받는 사람 기분도 좋아지고 서로 좋지 않나요?"라고 묻고 싶은 사람도 있을 것이다. 물론 많은 사람 앞에서 누군가에게 인정받고 칭찬받으면 누구나 기쁠 수밖에 없다. 더구나 다른 사람에게 들리도록 큰소리로 칭찬받으면 기쁨이 더 커질 것이다.

그런데도 되도록 주위에 사람이 없을 때 다른 사람을 칭찬하라고 조언하는 이유가 뭘까? 많은 사람 앞에서 누구 한 사람을 칭찬하면 칭찬하는 사람에 대한 평가가 나빠질 위험성이 있기 때문이다. 사람들 앞에서 누군가를 칭찬하면 칭찬받지 못한 사람들이 마음속으로 '뭐야, 저 녀석! 노골적으로 아부하고 있잖아'라고 생각하거나 '참, 비굴하게 구는군' 하고 평하기 쉽다. 따라서 주위에 사람이 있을 때는 누군가를 칭찬

<표 3-1> 누군가를 칭찬하면 옆에서 지켜보는 사람으로부터는
　　　　 나쁜 평가를 받는다

	좋다	비굴하고 야비하다
실제로 칭찬받은 사람의 평가	5.96	4.70
옆에서 지켜보고 있는 사람의 평가	4.84	5.39

※ 수치는 7점 만점(출전: Vonk R., 2002)

하지 않는 것이 좋다.

네덜란드 자위트홀란트주 레이던 대학의 로스 폰크(Roos Vonk) 교수는 옆에 제3자가 있을 때 "당신은 재미있는 사람이다"라거나 "나는 당신처럼 정직한 사람이 좋다"라고 칭찬하게 하는 실험을 했다. 그러자 칭찬한 사람으로부터는 좋은 평가를 받았지만, 그 장면을 옆에서 지켜본 제3자로부터는 '비굴하고 불쾌하다'는 평가를 받는다는 사실을 알아냈다〈표 3-1〉.

따라서 칭찬은 되도록 단둘이 있을 때 하는 것이 좋다. 굳이 주변 사람에게 비굴하다거나 아부를 한다는 비난을 받을 필요는 없기 때문이다. 물론 제3자의 평가 따위에 전혀 신경쓰지 않는다면 어떤 특정인만 칭찬해도 상관없다. 그러나 그것은 위험이 따르는 행동이라는 점을 기억해야 한다.

누군가 한 사람을 칭찬하는 일은 칭찬을 받지 못한 사람에게는 무척 씁쓸한 일이다. '왜 저 녀석만 칭찬하고 나는 칭찬하지 않는 거야?'라는 질투와 선망이 뒤섞인 감정을 불러일으 킬 가능성이 크다. 따라서 칭찬은 단둘이 있을 때 하는 것이 무난하다.

나르시시스트일수록
화를 잘 내는 이유는?

아이오와 주립대 브래드 부시먼 교수의
'에세이 상호 평가 실험'

미국 아이오와 주립대학 브래드 부시먼 교수는 두 명이
한 팀을 이뤄 에세이를 쓴 다음 상대방의 에세이를
서로 평가하는 실험을 했다. 이때 피실험자와 한 팀이
된 사람은 실험자의 의도에 따라 바람잡이 노릇을
하도록 미리 조치를 취했다. 바람잡이는 피실험자가
에세이를 얼마나 잘 썼든 무조건 신랄하게 비판을
가해야 한다는 지시를 받았다.
"아니, 이걸 에세이라고 쓴 거야? 창의성이라고는
눈곱만큼도 없잖아. 표현 방식도 분명하지 않고 도무지
두서가 없네. 이렇게 형편없는 에세이는 처음이야."
바람잡이가 이런 식으로 비판했을 때 피실험자가
얼마만큼 화를 내는지 조사하는 것이 이 실험의
목적이었다. 이 실험이 주는 교훈은 무엇일까?

다른 사람에게 욕을 먹거나 비판을 받을 때 잘 참는 사람이 있는 반면 그렇지 못한 사람도 있다. '화'의 감정을 다스리는 데는 개인차가 있는 것이다. 어떤 상황에서 울컥 화가 치솟을 때 그것을 주체하지 못하는 사람도 있지만 가볍게 받아 넘기는 사람도 있게 마련이다.

미국 아이오와 주립대학 브래드 부시먼(Brad J. Bushman) 교수는 두 명이 한 팀을 이뤄 에세이를 쓴 다음 상대방의 에세이를 서로 평가하는 실험을 했다. 이때 피실험자와 한 팀이 된 사람은 실험자의 의도에 따라 바람잡이 노릇을 하게 했다. 바람잡이는 피실험자가 에세이를 얼마나 잘 썼든 무조건 신랄하게 비판을 가해야 한다는 지시를 받았다.

"아니, 이걸 에세이라고 쓴 거야? 창의성이라고는 눈곱만큼도 없잖아. 표현 방식도 분명하지 않고 도무지 두서가 없네. 이렇게 형편없는 에세이는 처음이야."

바람잡이가 이런 식으로 비판했을 때 피실험자가 얼마만큼 화를 내는지 조사하는 것이 이 실험의 목적이었다. 피실험자는 이러한 유도에 쉽게 응하는 사람과 그렇지 않은 사람으로 나뉘었는데, 부시먼 교수가 조사한 결과 나르시시스트 성향이 강한 사람일수록 험담을 들을 때 강렬한 적대감을 느낀다는 사실이 밝혀졌다. 즉, 나르시시스트는 자신을 나쁘게 말하는 것을 가장 참지 못하는 타입인 것이다.

우리는 이 실험에서 어떤 교훈을 얻을 수 있을까?

한 가지 분명한 것은 나르시시스트 성향이 강한 사람 앞에서는 그를 향한 비판이나 험담을 하지 않아야 한다는 것이다. 나르시시스트는 자신에게 쏟아지는 비판이나 험담을 심각하게 받아들이고 울컥해서 덤벼들기도 하므로 필요 이상의 말은 삼가는 것이 좋다.

만약 후배직원이 나르시시스트라면 그를 지도하거나 교육할 때 농담으로라도 비난 투의 발언으로 화를 자초해서는 안 된다. 그런 타입을 지도할 때는 "이런 식의 기획서는 안 돼!"라고 단호하게 말하기보다는 "조금만 더 손보면 훌륭한 기획서가 되겠어"라는 식으로 부드럽고 완곡하게 표현하는 것이 좋다. 참을성이 부족한 직원을 배려하고 신경을 써주는 것은 상사로서의 기본적인 자세다.

일반적으로 나르시시스트는 남의 눈을 의식하지 않는 유아독존(唯我獨尊) 존재라고 생각하기 쉽지만 실제로는 그렇지 않다. 오히려 나르시시스트는 보통사람보다 훨씬 더 타인의 평가에 민감하다. 따라서 그런 사람을 상대할 때는 설사 거짓일지라도 칭찬을 해주고 치켜세워 주는 것이 좋다.

여성은 17세, 남성은 30세에 가장 매력적이라는데?

브랜다이스 대학 레슬리 제브로위츠 교수의 '인간의 매력 변화 조사'

매사추세츠주 브랜다이스 대학 레슬리 제브로위츠 교수는 인간의 매력이 일생 동안 어떻게 변해가는지 조사했다. 우선 379명의 사람에게 8세, 10세, 15세, 17세, 31세, 56세, 62세가 되었을 때의 얼굴 사진을 가져오게 했다. 그리고 그 사진을 많은 사람에게 보여주면서 점수를 매기도록 했다. 그 결과 여성은 17세, 남성은 30세 무렵부터 매력이 서서히 감소되기 시작한다는 것이 관찰되었다.

우리 얼굴은 나이가 들면서 조금씩 조금씩 변해간다. 매일 거울을 보기 때문에 그러한 변화를 눈치 채지 못하는 것뿐이다. 하지만 몇 년 동안 만나지 못한 사람을 오랜만에 만나면 얼굴 모습이 많이 변한 것을 알 수 있다. 어쩌다 오래전 사진을 발견하고는 사진 속 내 얼굴을 보면서 '어라, 내 얼굴이 이랬나?' 하며 깜짝 놀라기도 한다.

유감스럽지만 우리 매력은 나이를 한 살 두 살 먹으면서 점점 감소되는 경향을 보인다. 누구나 현재 매력을 계속 유지하고 싶어 하지만 그것은 좀처럼 뜻대로 되지 않는다. 젊은 시절 매력을 한껏 뽐내며 콧대를 세우던 사람이 나이가 들면서 점점 매력을 잃는 경우를 흔히 볼 수 있다.

미국 매사추세츠주 브랜다이스 대학 레슬리 제브로위츠 (Leslie A. Zebrowitz) 교수는 인간의 매력이 일생 동안 어떻게 변해가는지 조사했다. 우선 379명의 사람에게 8세, 10세, 15세, 17세, 31세, 56세, 62세가 되었을 때의 얼굴 사진을 가져오게 했다. 그리고 그 사진을 많은 사람에게 보여주면서 점수를 매기도록 했다.

그 결과, 8세 시점에서는 누구나 앳되고 귀여운 얼굴을 하고 있었다. 그러다 여성의 경우 17세를 전후로 서서히 매력이 감소되기 시작했다. 흔히 여성의 피부 전환점은 25세 혹은 29세로 알려져 있지만 실제로는 17세까지가 가장 예쁘고 그 이후에는 매력이 점점 사라지는 것이다.

그렇다면 남성은 어떨까? 남성은 30세 무렵까지는 안정적인 모습이다 그 이후부터 매력이 감소한다는 사실이 밝혀졌다. 또한 남녀 모두 50대가 지나면 어린 시절의 모습은 거의 남아 있지 않게 되며 매력도 훨씬 줄어든다는 것이 드러났다.

역시 매력은 젊은 시절에 발산되는 모양이다. 더욱이 여성은 사춘기 때부터 매력이 떨어지기 시작하기에, 인기 절정의 순간도 사춘기를 맞이했을 때다. 물론 어디까지나 평균적으로 그렇다는 말이다. 우리 주변에는 30대나 40대 혹은 60대에도 매력적인 여성을 얼마든지 찾아볼 수 있다. 남성은 여성보다 좀 더 오랫동안 매력을 유지하는 것으로 나타났지만 역시 매력이 떨어지는 시기는 어김없이 찾아오게 마련이다.

나이를 먹고 늙어가는 것은 누구도 거스를 수 없다. 그러므로 자기 외모에 기대 그 매력에만 승부를 거는 것은 무모한 짓이다. 그보다는 내면의 매력을 깊고 풍성하게 가꾸고자 노력하는 것이 훨씬 낫다. 내면의 매력은 아무리 나이를 먹어도 계속 갈고 닦을 수 있으며 세월이 지날수록 더욱 빛날 수 있기 때문이다.

비호감인 사람일수록
교통사고를 낼 확률이
높다는 게 사실일까?

드폴 대학 더글러스 셀러 박사 연구팀의
'개인의 성격과 교통사고 유발률의 상관관계 연구'

미국 시카고 드폴 대학 더글러스 셀러 박사 연구팀은
주변 사람을 거북하게 만들어 친구가 별로 없는 타입이
교통사고를 잘 일으킨다는 논문을 발표했다. 이들은
과거 10년간 교통사고 기록과 교통규칙 위반 사례를
조사해 그들의 성격을 테스트해보았다. 그 결과,
사람들에게서 사랑받지 못하는 사람일수록 교통사고를
유발하는 경향이 강하다는 사실이 밝혀졌다. 뒤집어
생각해보면 사랑받는 사람이 많아질수록 교통사고가
줄어든다고 할 수도 있으니 흥미로운 실험 결과가
아닌가!

교통사고를 잘 내는 사람에게는 성격적으로 어떤 공통점이 있지 않을까? 보통 성격이 급한 사람일수록 속도위반을 잘하고 차선을 수시로 변경하기 때문에 사고가 날 확률이 높다. 또한 부주의하거나 주의가 산만한 사람도 사고를 잘 낸다. 이 밖에도 교통사고를 잘 내는 사람에게는 독특한 특징이 있는데, 그것은 바로 '사람들에게 미움받는 타입'이라는 것이다. 붙임성 있고 사람들에게 호감을 주는 타입의 사람은 교통사고를 일으킬 확률이 현저히 낮다고 한다.

미국 시카고 드폴 대학 더글러스 셀러(Douglas F. Cellar) 박사 연구팀은 주변 사람을 거북하게 만들어 친구가 별로 없는 타입이 교통사고를 잘 낸다는 논문을 발표했다. 이들은 과거 10년간 교통사고 기록과 교통규칙 위반 사례를 조사해 그들의 성격을 테스트해보았다. 그 결과, 사람들에게서 사랑받지 못하는 사람일수록 교통사고를 일으킬 확률이 현저히 높다는 사실이 밝혀졌다.

사람들로부터 미움받는 사람은 왜 교통사고를 잘 일으킬까? 그 심리적 메커니즘은 앞으로의 연구에서 검증되어야 할 과제지만 어쨌든 많은 사람에게 미움받기 쉬운 타입의 사람이라면 자동차를 운전할 때 특별히 주의하기 바란다. 실제로 성격이 명랑한 사람은 벽에 자동차를 긁거나 배수구에 타이어가 빠지는 등의 사소한 사고를 일으키긴 해도 큰 사고를 내는 경우는 드물다. 왜 이런 현상이 발생하는지는 매우 흥미로운 연구 과제다.

만약 친구도 별로 없고 주변 사람들에게 좋은 평가를 받지 못하는 사람이 다가와 "같은 방향이니 제 차를 타고 가실래요?" 하고 말한다면 우선 피하고 보는 게 상책일 수도 있다. 위에 언급한 대로, 그런 사람은 교통사고에 휘말릴 확률이 보통 사람보다 훨씬 높기 때문이다.

CHAPTER
4

남의 시선을 의식하는
바퀴벌레
VS.
자신감이 떨어지는 남자

도박 중독자는
도박을 즐기는 것이 아니다?
그럼, 뭘?

퀘벡 대학 주느비에브 마고 박사의
'도박의 정서적 영향과 인지적 영향의 차이' 연구

캐나다 몬트리올 퀘벡 대학 주느비에브 마고 박사는
몬트리올 카지노를 찾은 손님 500여 명과 쇼핑센터의
복권 판매소를 찾은 67명을 대상으로 도박 중독성을
판단하는 테스트를 실시했다. 그리고 그들에게
"도박을 한 후에는 어떤 기분이 듭니까?"라는 질문을
했다. 그 결과, 중독성이 강한 사람일수록 도박을 한
후에는 즐거운 기분이 사라진다, 죄의식이 강해진다,
불안해진다 등 부정적 심리 상태에 빠져 있는 것이
확인되었다.

경마니 경륜, 파친고, 슬롯머신처럼 도박과 유사한 경향의 오락은 중독성이 강하다. 일단 그것에 빠지면 헤어나기가 쉽지 않은 것이다. 도박에 빠진 사람을 옆에서 지켜보면 '저렇게 재미있을까'라는 생각이 드는데, 알고 보면 사실 그렇지 않다고 한다.

중독성이 강한 행동은 본인이 하고 싶어서 하는 것이 아니라 의무처럼 여겨져 하지 않으면 안 되는, 즉 반 강제적인 마음에 사로잡혀 하는 것이다. 알코올중독이나 니코틴중독, 일중독, 쇼핑중독 등에 빠진 사람들의 마음 한구석에는 그만두고 싶은 욕망이 자리하고 있다.

캐나다 몬트리올 퀘벡 대학 주느비에브 마고(Geneviève Mageau) 박사는 몬트리올 카지노를 찾은 손님 500여 명과 쇼핑센터의 복권 판매소를 찾은 67명을 대상으로 도박 중독성을 판단하는 테스트를 실시했다. 그리고 다른 한편으로 그들에게 "도박을 한 후에는 어떤 기분이 듭니까?"라는 질문을 했다.

그 결과, 중독성이 강한 사람일수록 도박을 한 후에는 즐거운 기분이 사라진다, 죄의식이 강해진다, 불안해진다 등 부정적 심리 상태에 빠져 있는 것이 확인되었다. 물론 도박을 재미삼아 즐기는 사람은 중독될 정도로 빠져 있는 것이 아니다. 자기 자신의 욕망을 지혜롭게 조절하며 적당히 즐긴다면 카지노 같은 도박조차 기분전환에 도움이 될 수도 있다.

하지만 일단 도박에 빠지면 몸만 망가질 뿐 이득이 되는 일은 아무것도 없다. 마고 박사에 따르면 도박하는 것이 '의무'처럼 여겨져 다른 것은 무시한 채 머릿속에서 도박 생각만 하게 되면 도박 중독으로 본다고 한다. 그러한 상태에서 벗어나려면 자신의 감정을 통제할 수 있어야 하며 또한 도박 이외의 즐거운 일을 찾아야 한다.

본래 도박으로 돈을 버는 사람은 오락시설 주인이지 손님이 아니다. 간혹 일시적으로 돈을 따기도 하지만 오래 지속하다 보면 반드시 잃게 되는 시스템으로 되어 있다. 그것이 바로 도박이다. 나는 도박에 빠지는 심리를 그 밑바닥부터 심층적으로 연구한 적이 있는데, 결론은 아무리 도박을 잘하는 사람도 도박에서 이기기는 매우 어렵다는 것이다.

사람뿐 아니라 바퀴벌레도 남의 시선을 의식한다는 게 사실일까?

미시건 대학 사회조사연구소 로버트 자이언츠의 '사회적 역할 강화와 장애' 실험

미국 미시건 대학 사회조사연구소의 로버트 자이언츠는 인간이 다른 사람과 함께 있을 때 평소와 다르게 행동하는 것처럼 바퀴벌레도 그렇지 않을까 하는 기발한 가설을 세웠다. 이를 검증하기 위해 자이언츠는 바퀴벌레 72마리와 미로상자를 준비했다. 그런 후 바퀴벌레를 한 마리만 단독으로 미로상자에 넣거나 다른 암컷 바퀴벌레와 함께 미로상자에 넣고 바퀴벌레가 빛이 없는 출구를 향해 가는 데 몇 초가 걸리는지 측정했다. 만일 바퀴벌레가 게으름을 피우면 출구까지 가는 데 시간이 더 걸리고 열심히 하면 시간이 단축되었다. 어떤 결과가 나왔을까? 바퀴벌레도 인간과 마찬가지로 행동했을까?

우리 행동은 혼자인지 아니면 주변에 누군가가 있는지에 따라 달라진다고 한다. 혼자서 작업할 때는 착실한 사람도 누군가 다른 사람과 함께할 때는 느슨해지기 쉽다. 이처럼 많은 사람이 모여 있을 때와 혼자 있을 때의 행동이 다르게 나타나는 것을 두고 심리학에서는 '사회적 역할 강화와 장애(Social enhancement and social impairment)' 현상이라고 말한다.

미국 미시건 대학 사회조사연구소의 로버트 자이언츠(Robert B. Zajonc)는 이러한 현상이 혹시 바퀴벌레에게도 나타나지 않을까 하는 호기심이 일었다. 인간이 다른 사람과 함께 있으면 보통 때와 다르게 행동하는 것처럼 바퀴벌레도 다른 바퀴벌레와 함께 있으면 다르게 행동하지 않을까 하는 기발한 가설을 세우고 연구를 시작했다.

자이언츠는 바퀴벌레 72마리와 미로상자를 준비했다. 그러고는 바퀴벌레를 한 마리만 단독으로 미로상자에 넣거나 다른 암컷 바퀴벌레와 함께 미로상자에 넣었다. 이것은 바퀴벌레가 빛이 없는 출구를 향해 가는 데 몇 초가 걸리는지 측정하는 실험이었다. 만일 바퀴벌레가 게으름을 피우면 출구까지 가는 데 시간이 더 걸리고 열심히 하면 시간이 단축된다.

<표 4-1> 미로상자에서 바퀴벌레의 행동

	혼자 있을 때	다른 암컷과 함께 있을 때
단순한 미로	52.84초	36.48초
복잡한 미로	172.06초	222.34초

※ 수치는 출구까지 걸린 시간을 말함(출전: Zajonc R. B., et al., 1969)

자이언츠는 복잡한 미로상자와 단순한 미로상자 두 종류를 준비해 실험했는데, 그 결과는 〈표 4-1〉과 같다.

결론을 말하면, 단순한 미로상자에서는 다른 암컷과 함께 하는 쪽이 빨랐고 복잡한 미로상자에서는 혼자 하는 게 더 빨랐다. 이러한 현상은 인간에게도 나타난다. 단순한 작업을 할 때는 다른 사람과 함께할 때 더 능률이 오른다. 왜냐하면 대충 하려고 해도 주위 이목이 신경 쓰여 그럴 수 없기 때문이다. 그러므로 계속 반복되는 단순 작업을 할 때에는 다른 사람과 함께해야 능률이 오른다.

반대로 어려운 작업을 할 때는 혼자서 집중해야 더 순조롭게 진행된다. 이는 공부처럼 머리를 쓰는 작업을 그룹으로 할 때 별로 능률이 오르지 않는 것과 같은 이치다.

자신감이 떨어지는 남자는 맞벌이를 싫어한다고?

루이지애나 기술대학 숀 밸런타인 박사의
'남자의 자신감과 부정적인 고정관념 연구'

미국 루이지애나 기술대학 숀 밸런타인 박사는 남자 4,000명을 대상으로 '어떤 유형의 남자가 맞벌이를 싫어하는가?'를 조사했다. 그 결과 자신감이 부족한 남자일수록 아내가 전업주부이기를 바라는 전통적인 사고방식에 집착한다는 사실을 알게 되었다. 그러한 남자들은 '결혼한 여성은 직장생활을 해서는 안 된다', '자고로 남자는 이래야 한다', '○○을 하려면 이 정도는 되어야 한다' 같은 편견에 사로잡혀 유연성이 부족한 경우가 많다고 한다. 자신감이 부족한 남자는 한마디로 아집으로 똘똘 뭉친 사람이어서 함께 지내기에 신경이 많이 쓰이는 유형이라고 할 수 있다.

"여자는 결혼하면 집에 들어앉아야지."

"가정을 지키는 것이 여자의 행복이야."

요즘 세상에 이처럼 전근대적인 사고방식을 지닌 사람이 있을까? 만일 그렇다면 그는 분명 자신감이 많이 부족한 남자일 가능성이 크다. 이런 말을 하는 남자가 있다면 '자신감이 떨어지는 사람이구나'라고 생각하면 된다. 십중팔구는 맞을 것이다. 자신감이 충만하다면 "일을 하고 싶다면 하는 것이 당연하죠. 일하는 데 남녀구별이 왜 필요합니까?"라고 반문할 것이기 때문이다.

미국 루이지애나 기술대학 숀 밸런타인(Sean Valentine) 박사는 남자 4,000명을 대상으로 '어떤 유형의 남자가 맞벌이를 싫어하는가?'를 조사했다. 그 결과 자신감이 부족한 남자일수록 아내가 전업주부이기를 바라는 전통적인 사고방식에 집착한다는 사실을 알게 되었다. 그러한 남자들은 '결혼한 여성은 직장생활을 해서는 안 된다'는 편견에 사로잡혀 있었다.

그러므로 결혼 후에도 계속 일을 하고 싶은 여성이라면 자신감 넘치는 배우자를 선택하는 것이 좋다. 자신감이 부족한 남편은 부인이 직장에 다니는 것을 맹렬히 반대할 가능성이 높기 때문이다. 밸런타인 교수의 조사 결과를 보면 그런 추정은 얼마든지 가능하다.

물론 전업주부를 원하는 여자라면 이런 문제로 고민할 필요는 없을 것이다. 전업주부로서 가정에 영구 취직하는 것도 충분히 가치 있는 일이다.

한편, 밸런타인 교수에 따르면 자신감이 부족한 남자는 편견에 사로잡힌 경우가 많다고 한다. '자고로 남자란 이래야 한다'거나 'ㅇㅇ을 하려면 이 정도는 되어야 한다' 같은 편견에 사로잡혀 유연성이 부족하다는 것이다. 자신감이 부족한 남자는 한마디로 아집으로 똘똘 뭉친 사람이어서 함께 지내기에 신경이 많이 쓰이는 유형이라고 할 수 있다.

'여성의 일'과 관련해 또 다른 흥미로운 조사 결과도 있다. 일하는 여성과 전업주부를 비교했더니 일하는 여성이 훨씬 더 젊고 매력적이고 활기차게 살고 있다는 결과가 나온 것이다. 사실, 집안에 머물면서 타인을 신경 쓸 일이 없으면 자신을 가꾸는 데 있어 무신경해지기 쉽다. 집안에 머무르든 바깥일을 하든 상관없이 밝고 건강한 아름다움을 유지할 수 있도록 남녀 모두 스스로 보살피며 활력을 유지하는 게 중요하다.

남자의 '첫 경험' 나이는 부자(父子)가 비슷하다는데?

퀸즐랜드 메디컬 리서치 연구소 마이클 던 박사의 첫 경험 연령 조사

오스트레일리아 퀸즐랜드 메디컬 리서치 연구소의 마이클 던 박사 연구팀은 5,000명이 넘는 남녀를 대상으로 첫 경험 연령에 유전적인 요인과 환경적인 요인이 미치는 영향을 조사한 적이 있다. 이때 부모의 첫 경험 연령도 함께 조사했는데 놀랍게도 남자의 경우 유전적 요인의 연관성이 72퍼센트에 이르는 것으로 나타났다. 즉, 10명 중 7명은 부자의 첫 경험 나이가 거의 일치한 것으로, 아버지의 첫 경험 나이를 알면 아들이 언제 첫 경험을 하게 될지 어느 정도 예측할 수 있다.

젊은 남자끼리 모이면 언제 '첫 경험'을 했는지가 화제에 오르곤 한다. 이때 일찌감치 동정(童貞)을 벗어던진 사람은 그것만으로도 의기양양해진다. 첫 경험을 일찍 하는 것이 좋은지 어떤지는 잘 모르겠지만 경쟁을 좋아하는 남자들 세계에서는 첫 경험 나이로도 서로 경쟁하려는 경향이 있다.

남자는 주로 언제 첫 경험을 하게 될까? 흥미롭게도 남자가 첫 경험을 하는 나이는 '유전적 요인'이 크다고 한다. 즉, 아버지가 첫 경험을 늦게 하면 그만큼 자식들도 늦어지는 경향이 있고 반대로 아버지의 첫 경험이 빠르면 자식들도 일찍 경험을 하는 경향이 있다는 것이다.

오스트레일리아 퀸즐랜드 메디컬 리서치 연구소의 마이클 던(Michael Dunne) 박사 연구팀은 5,000명이 넘는 남녀를 대상으로 첫 경험 연령에 유전적인 요인과 환경적인 요인이 미치는 영향을 조사한 적이 있다. 이때 부모의 첫 경험 연령도 함께 조사했는데 놀랍게도 남자의 경우 유전적 요인의 연관성이 72퍼센트에 이르는 것으로 나타났다. 즉, 10명 중 7명은 부자의 첫 경험 나이가 거의 일치한 것으로, 아버지의 첫 경험 나이를 알면 아들이 언제 첫 경험을 하게 될지 어느 정도 예측할 수 있다.

남자 형제의 경우에도 형과 아우는 거의 같은 나이에 첫 경험을 하는 것으로 밝혀졌다. 따라서 형이 고등학생일 때 첫 경험을 했다면 그 동생도 고등학생이 되면 첫 경험을 하게 될 가능성이 크다고 볼 수 있다.

반면, 여자의 경우 부모의 첫 경험 나이와는 관련이 없었다. 이는 성행위에 있어서 여성이 수동적인 경우가 많기 때문인지도 모른다. 즉, 여자는 연인이 얼마만큼 적극적인가에 영향을 받는 경우가 많으며 유전적 요인은 그다지 관계 없는 것으로 보인다.

"그 아버지에 그 아들"이라는 말처럼 부자간에는 여러모로 닮은 점이 많다. 그런데 첫 경험 시기까지 닮는다는 것은 매우 흥미로운 결과가 아닐 수 없다. 물론 드러내놓고 "아버지는 언제 총각 딱지를 떼셨어요?"라고 물어볼 수는 없겠지만 자신의 첫 시기를 생각해보면 아버지의 첫 경험 나이를 추정해볼 수 있다. 만약 당신이 18세 전후로 첫 경험을 했다면 아버지도 분명 그 비슷한 시기에 첫 경험을 했을 것이다.

부모와 자식은 얼굴 생김새뿐 아니라 체형까지 닮는 경우가 많아 이성을 끄는 매력이 비슷하다. 첫 경험 나이가 비슷한 것도 그 때문이 아닐까?

과연 남자는 여자보다 '바람기'가 많을까?

노스 텍사스 대학 러셀 클라크 박사의
'성관계 관련 의식 연구'

미국 노스 텍사스 대학 러셀 클라크 박사는
여학생들에게 부탁해 대학 내 남학생들에게 "오늘밤
나와 함께 지낼래요?"라고 말을 걸어 그 반응을 살피는
실험을 했다. 그 결과, 놀랍게도 남학생 69퍼센트가
흔쾌히 응했다고 한다. 이는 곧 10명 중 7명의 남자는
지금 막 만난 여자와도 아무런 거리낌 없이 성적인
관계를 가질 수 있다는 얘기다. 클라크 박사는 반대
상황도 실험했다. 즉 남학생들에게 "오늘밤 나와 함께
지낼래요?"라는 말로 여학생들을 유혹하도록 했다.
하지만 순순히 "그러죠"라고 대답한 여학생은 한 명도
없었다고 한다. 여자는 갑작스런 남자의 유혹에 쉽게
응하지 않은 것이다. 성관계에 있어 남자는 상대적으로
경솔하게 행동하는 걸까?

일반적으로 여자보다 남자가 더 바람기가 많다고 한다. 이것은 어떤 의미에서는 진실이다. 남자의 경우 기회가 주어지면 누구와도 성적인 관계를 가질 수 있다는 데이터가 나왔기 때문이다. 여자는 비교적 신중하게 남자를 관찰한 후 성적인 관계를 갖는 데 비해 남자는 욕망을 좇아 모르는 여자와도 관계를 갖기 쉽다는 얘기다.

어느 날 거리에서 모르는 여자가 "오늘밤 나와 함께 지낼래요?" 하고 말을 걸어온다면 남자는 어떤 반응을 보일까? 미국 노스 텍사스 대학 러셀 클라크(Russell D. Clark) 박사는 실제로 이것을 확인해보았다. 클라크 박사는 여학생들에게 부탁해 대학 내 남학생들에게 "오늘밤 나와 함께 지낼래요?"라고 말을 걸어 그 반응을 살피는 실험을 했다.

그 결과, 놀랍게도 남학생 69퍼센트가 흔쾌히 응했다고 한다. 이는 곧 10명 중 7명의 남자는 지금 막 만난 여자와도 아무런 거리낌 없이 성적인 관계를 가질 수 있다는 얘기다.

더욱 놀라운 것은 "오늘은 좀 그렇고 내일은 어때요?"라고 제안해오는 남자도 있었다는 점이다. 그런 남자까지 포함한다면 모르는 여자와 관계를 가질 수 있는 남자의 비율은 좀 더 높아지게 된다.

클라크 박사는 여기에서 그치지 않고 반대로 남학생들에게 부탁해 "오늘밤 나와 함께 지낼래요?"라는 말로 여학생들을 유혹하도록 했다. 하지만 순순히 "그러죠"라고 대답한 여학생은 한 명도 없었다고 한다. 여자는 갑작스런 남자의 유혹에 쉽게 응하지 않은 것이다.

본래 클라크 박사는 에이즈에 관한 의식을 조사하기 위해 이런 실험을 한 것인데, 보다시피 위험 예측에 있어 여자에 비해 남자가 훨씬 민감하지 않다는 것이 증명되었다. 남자는 기회만 있으면 언제라도 모르는 여자와 성관계를 가질 수 있으며 성병 걱정도 별로 하지 않는 것으로 나타났다.

또 다른 조사 결과도 이러한 내용을 뒷받침한다. 캘리포니아 대학 로스앤젤레스의 린다 색스(Linda J. Sax)는 학생들에게 "당신은 방금 만난 상대와 즉시 성관계를 가질 수 있습니까?"라는 질문을 했더니 남학생의 54퍼센트가 '그렇다'고 대답한 데 비해 여학생은 32퍼센트가 '그렇다'고 대답했다는 보고를 한 적이 있다.

이 결과 역시 '남자는 기회가 있으면 언제라도 바람을 필 수 있는 존재'라는 말을 증명한다. 깊이 생각하지 않고 순간의 쾌락을 좇는 남자는 여성에 비해 훨씬 경솔하게 행동하곤 하는 걸까?

인생 상담은 '불행을 겪은 사람'에게 하는 것이 좋다는데, 왜 그럴까?

캘리포니아 대학 버클리의 레이철 에블링 박사의 '결혼생활 예측 실험'

미국 캘리포니아 대학 버클리의 심리학자 레이철 에블링 박사는 어느 부부가 10분간 대화하는 영상을 많은 사람에게 보여주고 '그들이 앞으로 이혼할 것인가 아니면 잘 살게 될 것인가를 예측하는 실험'을 했다. 그런 다음 13년이 지난 후까지 추적 조사를 벌여 사람들의 예측이 얼마나 정확한지 조사했다. 10분간의 대화만 보고 부부의 미래를 비교적 정확하게 예측한 사람은 최근에 애인과 헤어진 경험이 있는 사람들이었다. 왜 이런 결과가 나왔을까?

이 세상에는 세상을 살아가는 사람들의 수만큼 많고 다양한 고민이 존재하는 것처럼 보인다. 그러나 실제로 들여다보면 고민은 대개 돈, 일, 연애와 관련된 것이라고 한다. 점술가에 따르면 젊은 사람의 경우 80퍼센트 정도는 연애 관련 상담을 하러 오고 연령층이 높아질수록 일이나 돈 문제로 찾아온다고 한다.

지금까지 살아오면서 어떤 고민거리로 상담을 하고 싶은데 누구에게 털어놓아야 할지 몰라 망설인 경험이 있는가? 그럴 때는 어떤 사람에게 상담을 요청하는 것이 좋을까? 정답은 '불행을 겪은 사람'이다. 최근에 실연을 당했거나 이혼한 사람, 사귀는 사람이 신체적, 정신적으로 폭력을 가하는 사람처럼 불행한 일을 겪은 사람에게 고민을 털어놓는 편이 좋다는 것이다. 왜냐하면 상대적으로 그들은 상담을 원하는 사람이 처한 상황을 정확하게 판단해 적절한 조언을 해주기 때문이다.

분명, 불행을 겪은 사람일수록 확실한 분별력이 생긴다. 내 말을 믿고 그들에게 솔직한 의견을 구하기 바란다. 단언하건대 훌륭한 조언을 들을 수 있을 것이다.

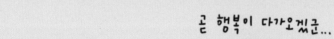

곧 행복이 다가오겠군...

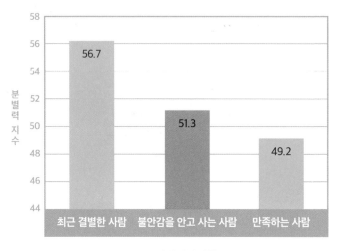

<그림 4-2> 불행을 겪은 사람일수록 분별력이 높다

분별력 지수

현재 처한 상황

최근 결별한 사람: 56.7
불안감을 안고 사는 사람: 51.3
만족하는 사람: 49.2

(출전: Ebling R. & Levenson R. W., 2003)

미국 캘리포니아 대학 버클리의 심리학자 레이철 에블링 (Rachel Ebling) 박사는 어느 부부가 10분간 대화하는 영상을 많은 사람에게 보여주고 '그들이 앞으로 이혼할 것인가 아니면 잘 살게 될 것인가를 예측하는 실험'을 했다. 그런 다음 13년이 지난 후까지 추적 조사를 벌여 사람들의 예측이 얼마나 정확한지 조사했다.

〈그림 4-2〉에서 보듯 10분간의 대화만 가지고 그 부부의 미래를 비교적 정확하게 예측한 사람은 최근에 애인과 헤어

진 경험이 있는 사람들이었다. 그들의 예측 정확도는 다른 그룹에 비해 분명히 높았다. 이로써 최근에 불행한 일을 겪은 사람은 확실한 분별력으로 다른 사람을 관찰하기 때문에 예측도 잘한다는 것을 알 수 있다.

배우자나 연인과의 관계에서 만족을 느끼는 사람은 불행한 사람에 비해 느슨하게 판단할 가능성이 크다. 따라서 행복한 사람과 상담을 하면 "괜찮아. 너는 잘 이겨낼 수 있을 거야"라고 격려하는 것으로 끝내기 십상이다. 즉, 상담을 원하는 사람의 마음을 제대로 읽지 못하고 피상적인 조언에 그치는 것이다. 그러므로 상담을 하고 싶다면 반드시 불행을 겪었거나 불행한 사람에게 하기 바란다. 그들은 보통 사람보다 훨씬 더 엄격한 기준을 적용해 당신을 객관적으로 평가할 것이다.

여성 오스카상 수상자가 남성 오스카상 수상자에 비해 상대적으로 젊은 이유는?

페이스 대학 마이클 길버그의 '오스카상 수상자 연령 분석'

뉴욕 페이스 대학 마이클 길버그는 엔터테인먼트 산업 분야에서 오스카상, 에미상, 그래미상 수상자의 연령을 남녀별로 분석했다. 그 결과 오스카상에서는 여성 수상자가 남성 수상자에 비해 평균 5세 정도 젊었다. 남성 수상자의 평균 연령이 46.2세인 반면 여성 수상자는 평균 41.3세였다. 에미상 드라마 부문에서도 남성 수상자의 평균 연령이 49.2세, 여성 수상자는 평균 39.6세로 여성이 무려 열 살이나 젊은 것으로 나타났다. 이러한 결과는 무엇을 의미하는 것일까?

사회에서의 성공을 이야기할 때 일반적으로 여성은 남성보다 이른 시기, 즉 젊은 시절에 성공 기회를 포착할 확률이 높다. 이는 곧 남성은 일정 나이가 되지 않으면 기회를 포착하기가 쉽지 않다는 얘기다.

뉴욕 페이스 대학 마이클 길버그(Michael Gilberg)는 엔터테인먼트 산업 분야에서 오스카상, 에미상, 그래미상 수상자의 연령을 남녀별로 분석했다. 그 결과 오스카상에서는 여성 수상자가 남성 수상자에 비해 평균 5세 정도 젊었다. 남성 수상자의 평균 연령이 46.2세인 반면 여성 수상자는 평균 41.3세였다. 에미상 드라마 부문에서도 남성 수상자의 평균 연령이 49.2세, 여성 수상자는 평균 39.6세로 여성이 무려 열 살이나 젊은 것으로 나타났다.

이러한 결과는 두 가지 해석을 가능하게 한다.

첫째, 여성이 남성보다 재능을 일찍 꽃피운다는 점이다. 이런 기준에서 본다면 여성 수상자가 남성 수상자보다 젊다는 것은 전혀 이상할 일이 아니다. 어린 시절 남자아이보다 여자아이의 성장이 더 빠른 것처럼 재능을 꽃피우는 시기도 여성이 더 이른 것으로 보인다.

둘째, 남성은 나이가 들어도 꾸준히 일을 하지만 여성은 어느 정도 나이가 들면 일을 그만두는 경향이 강하다는 점이다. 이에 따라 나이 지긋한 여성 수상자가 상대적으로 적을 가능성이 높다.

이것이 일반적인 경향이라면 여성은 '젊어서 한때'라는 말처럼 천천히 여유롭게 일하기보다는 젊었을 때 더욱 열심히 일하는 것이 낫다. 그런 점에서 여성은 나이가 젊다는 것이 유리하게 작용할 수 있다. 반면 남성은 나이가 어리면 상대가 얕잡아보기도 하고 애송이 취급을 받는 경우가 많다. 그러므로 남성은 어느 정도 나이가 들 때까지 자신의 실력을 아껴두는 것도 좋은 방법일 수 있다. 자기 실력을 과신하며 너무 나서면 오히려 건방지다는 평가를 받을 수 있기 때문이다. 젊을 때 내공을 쌓으며 연마하다가 연륜이 묻어날 무렵 기회의 문을 두드려보는 것은 어떨까?

유권자들은 왜
후보자의 정책보다
외모에 의해 좌우될까?

이스턴 켄터키 대학 캐럴 시글먼 교수의
'선출 가능성에 영향을 주는 요소' 연구

미국 이스턴 켄터키 대학 캐럴 시글먼 교수는 각 주의
시장 선거에 입후보한 남성과 여성 후보자의 얼굴
사진을 구해 대학생 219명에게 보여준 다음 누구에게
표를 주고 싶은지 물어보았다. 그리고 후보자의
정책과 이념 따위는 완전히 무시한 채 외모의 매력만
거론하면서(외모의 매력은 다른 사람이 미리 점수를 매겨
놓았다) 분석해보았다. 그러자 매력적인 후보자일수록
당선 확률이 높다는 사실이 밝혀졌다. 시글먼 교수는
이렇게 결론 지었다. "선거는 외모에 달려 있어요.
얼굴이 잘생길수록 당선 예측률이 올라갑니다."

선서에 출마하는 후보자는 정책으로 승부를 걸어야 한다. 그것이 선거에 임하는 기본이자 바람직한 자세일 것이다. 그리고 유권자는 각 정당이 내놓는 구체적인 선거 공약인 매니페스토(Manifesto)를 면밀히 살피고 그 정책을 비교하면서 투표를 해야 한다.

실제로 그렇게 행동할까? 흥미롭게도 후보자의 '외모'가 승부를 결정하는 일이 적지 않다고 한다. 즉, 매력적인 외모를 지닌 사람일수록 당선될 확률이 높다는 얘기다. 얼굴이 그리 잘생기지 않은 후보자가 아무리 열정적으로 정책을 강조해도 유권자의 마음을 크게 움직이지 못한다. 반면 똑같은 정책을 호감을 주는 외모의 후보자가 내세우면 좀 더 쉽게 공감을 불러일으킨다는 것이다.

선거철이 가까워지면 어느 정당의 어떤 후보자가 승리할 것인가에 모든 이목이 집중된다. 이때, 예외적인 경우가 가끔 발생하기는 하지만 대체로 잘생긴 후보가 당선될 확률이 높다. 얼굴만 보고 일꾼을 뽑을 만큼 유권자가 어리석지는 않다고 항변하는 사람이 있을지도 모르겠다. 하지만 현실에서는 그런 결과가 나온다.

<표 4-3> 외모가 매력적인 후보일수록 선거에서 승리할 확률이 높다

	매력		
	고	중	저
남성 후보자	53%	43%	31%
여성 후보자	47%	29%	37%

(출전: Sigelman C. K., et al., 1986)

미국 이스턴 켄터키 대학 캐럴 시글먼(Carol K. Sigelma) 교수는 이렇게 지적한다.

"선거는 외모에 달려 있어요. 얼굴이 잘생길수록 당선 예측률이 올라갑니다."

시글먼 교수는 각 주의 시장 선거에 입후보한 남성과 여성 후보자의 얼굴 사진을 구해 대학생 219명에게 보여준 다음 누구에게 표를 주고 싶은지 물어보았다. 그리고 후보자의 정책과 이념 따위는 완전히 무시한 채 외모의 매력만 거론하면서(외모의 매력은 다른 사람이 미리 점수를 매겨 놓았다) 분석해보았다. 그러자 매력적인 후보자일수록 당선 확률이 높다는 사실이 밝혀졌다〈표 4-3〉.

어떻게 외모가 선거 결과에 결정적인 영향 요인이냐고 따지고 싶은 사람도 있을지 모르지만, 현실에서는 그런 일이 일어나고 있다. 아무리 반박하더라도 사실이 변하는 것은 아니다. 더욱이 오늘날 선거전은 '이미지 선거'로 펼쳐지기 때문에 후보자들은 외모에 많은 신경을 쓰고 있다. 물론 현명한 유권자는 진지하게 정책을 따져본 후 표를 주겠지만, 일반적으로 사람들은 후보자의 외모를 보고 선택하는 경향이 강하다.

깔끔한 옷차림이 교통사고를 예방한다는데?

레스터 대학 에이드리언 노스 박사의
'도로 횡단 시 보행자의 옷차림이 미치는 영향' 실험

영국 레스터 대학 에이드리언 노스 박사는 남녀 실험
도우미를 선발해 재미있는 실험을 했다. 이들에게
어떤 때는 제대로 복장을 갖추게 하고 또 어떤 때는
허름한 차림으로 거리 곳곳에서 자동차가 돌진해 올
때 다소 위험한 횡단을 시도하게 한 것이다. 2주일에
걸쳐 진행된 실험에서 도우미들은 1만 8,000번에
걸쳐 횡단을 시도했다. 그 결과 깔끔한 옷차림을 한
사람이 횡단을 시도할 때는 78.9퍼센트의 운전자가
멈춰 섰다. 반면 허름한 복장을 한 사람이 횡단할 때
멈춰 선 운전자는 65.4퍼센트였다. 옷을 잘 차려 입는
것이 자신도 모르는 사이에 일어날 수 있는 교통사고를
예방하는 효과를 발휘하는 셈이다.

외모는 사람을 평가하는 데 커다란 영향을 준다. 복장을 제대로 갖추고 있으면 정중한 대우를 받지만 허술한 차림새를 하고 있으면 무시를 당하는 것도 그 때문이다. 따라서 '내면이 알차면 차림새 따위는 아무래도 상관없다'는 식의 생각은 사회생활을 하는 데 있어서 위험한 발상이라고 할 수 있다. 아무리 훌륭한 인격을 갖춘 사람이라도 허름한 복장을 하고 있으면 그에 합당한 대우를 받지 못할 확률이 높다.

믿기 어렵지만, 옷을 깔끔하게 차려 입지 않으면 거리를 걸어 다닐 때 교통사고를 당하기 쉽다는 조사 결과도 있다. 허름한 복장으로는 고급 레스토랑에서 출입을 거부당할 확률뿐 아니라 교통사고 같은 재난에 휘말릴 위험까지 높아진다는 이야기다.

영국 레스터 대학 에이드리언 노스(Adrian C. North) 박사는 남녀 실험 도우미를 선발해 재미있는 실험을 했다. 이들에게 어떤 때는 제대로 복장을 갖추게 하고 또 어떤 때는 허름한 차림으로 거리 곳곳에서 자동차가 돌진해 올 때 다소 위험한 횡단을 시도하게 한 것이다. 2주일에 걸쳐 진행된 실험에서 도우미들은 1만 8,000번에 걸쳐 횡단을 시도했다.

실험 결과, 깔끔한 옷차림을 한 사람이 횡단을 시도할 때는 78.9퍼센트의 운전자가 멈춰 섰다. 반면 허름한 복장을 한 사람이 횡단할 때 멈춰 선 운전자는 65.4퍼센트였다. 허름한 옷차림을 한 사람이 횡단을 시도하면 운전자는 요란하게 경적을 울리며 먼저 가려고 애를 썼다. 하지만 복장을 제대로 갖춰 입으면 다소 무모한 횡단을 시도해도 운전자가 신경을 써주고 멈추는 확률이 높았다. 이것은 복장을 제대로 갖춰 입었을 때 보다 정중한 대우를 받는 증거라 할 수 있다. 결국 옷을 잘 차려 입는 것이 자신도 모르는 사이에 일어날 수 있는 교통사고를 예방하는 효과를 발휘하는 셈이다.

또 다른 연구 결과에서는 여성 실험 도우미가 제대로 복장을 갖춰 입었을 때는 바로 앞에서 걷고 있던 남성이 그녀를 위해 출입문을 열고 기다려준다는 것이 밝혀졌다. 하지만 똑같은 여성이 옷을 아무렇게나 입고 남성을 뒤따라가자 그는 뒤따라오는 여성을 위해 문을 열고 기다려주는 배려를 하지 않았다고 한다.

이러한 실험은 남들에게 친절하고 정중한 대우를 받고 싶다면 혹은 교통사고의 위험에서 자신을 지키고 싶다면 복장을 제대로 갖춰 입어야 한다는 교훈을 전해준다.

부모의 출산 연령이 빠르면
자녀의 출산 연령도 빠르다?

사우스 플로리다 대학 캐런 페린 교수의
'평균 나이 13세 청소년의 자존감, 십 대 임신에 대한 태도,
교과 과정 이해도 등 연구'

미국 사우스 플로리다 대학 캐런 페린 교수는 평균
나이 13세인 청소년 1,270명을 대상으로 '아기를 갖고
싶은 파트너가 있나요?'라고 질문했다. 더불어 그들의
어머니가 그들을 낳은 연령도 조사했다. 그 결과
페린 교수의 질문에 '네'라고 대답한 학생의 어머니는
'아니오'라고 대답한 학생의 어머니에 비해 2.3세 정도
빨리 출산했다는 사실이 밝혀졌다. 놀랍게도 부모의
출산이 빠를 경우 그 자녀도 아이를 빨리 갖고 싶어
하는 것으로 나타난 것이다.

마치 운명처럼 연결고리를 갖게 된 부모 자식 간에는 그 신기한 유대감으로 닮은 행동을 하는 경우가 많다. 그것을 '유전 때문'이라고 말해버리면 더 이상 호기심을 발동할 필요도 없겠지만, 그러기엔 고개를 갸웃하게 하는 흥미로운 연결고리가 아주 많다.

예를 들어 '인륜지대사(人倫之大事)'라고 하는 결혼식을 치르는 연령을 살펴보자. 일반적인 것은 아니지만 부모가 젊었을 때 결혼한 경우 그 자녀들도 비교적 젊었을 때 결혼을 하고, 반대로 부모가 늦게 결혼한 경우 자녀의 결혼도 늦어지는 경우가 많다고 한다. 출산 연령에서도 부모가 자식을 젊었을 때 출산했으면 그 자녀들도 이른 출산을 원한다고 한다.

미국 사우스 플로리다 대학 캐런 페린(Karen M. Perrin) 교수는 평균 나이 13세인 청소년 1,270명을 대상으로 '아기를 갖고 싶은 파트너가 있나요?'라고 질문했다. 더불어 그들의 어머니가 그들을 낳은 연령도 조사했다.

그 결과 페린 교수의 질문에 '네'라고 대답한 학생의 어머니는 '아니오'라고 대답한 학생의 어머니에 비해 2.3세 정도 빨리 출산을 했다는 사실이 밝혀졌다. 놀랍게도 부모의 출산이 빠를 경우 그 자녀도 아이를 빨리 갖고 싶어 하는 것으로 나타난 것이다.

아직 독신이라면 자신의 부모가 결혼한 나이를 생각해보기 바란다. 그 나이를 알아보면 자신이 결혼하게 될 나이도 대충 짐작할 수 있을 것이다.

부모와 자식은 거의 비슷한 인생행로를 걸어가기 때문에 부모를 보면 자신에 대한 것을 어느 정도 예상할 수 있다. 사춘기 시절, 우리는 종종 '나는 절대로 내 부모처럼 살지 않을 거야!'라고 다짐하지만 그것이 마음먹은 대로 되지 않는다. 자신도 모르게 부모를 닮아가는 자신을 발견하게 되는 것이다.

그런 의미에서 미래는 아무도 예측할 수 없다고 하지만, 부모를 잘 관찰한다면 어느 정도 미래 예측이 가능하지 않을까.

CHAPTER
5

쿡쿡 찔러, 좋은 방향으로 행동을 바꾸다

심리
실험

32

팔짱을 끼고 생각하면
기발한 아이디어가
떠오른다고?

컬럼비아 대학 로널드 프리드먼과
뷔르츠부르크 대학 옌스 푀르스터의
'신체 동작이 창조적 통찰력에 미치는 영향' 연구

미국 컬럼비아 대학 로널드 프리드먼과 독일
뷔르츠부르크 대학 옌스 푀르스터는 팔을 뻗거나
굽히는 동작이 우리 사고에 어떤 영향을 미치는가를
연구하기 위해 지각 속도와 창조성을 판단하는
테스트를 했다. 그들은 여러 명의 실험 참가자를
선별해 팔의 자세를 다양하게 취하도록 요구했다. 그
결과, 직감적인 영감이 필요한 EFT 지각 테스트를 할
때는 팔을 쭉 뻗고 있을 때보다 팔을 굽히고 있는 편이
두 배 가까운 속도로 정답을 맞힌다는 사실을 알 수
있었다. 즉, 가슴 앞에서 팔짱을 끼듯이 팔을 굽히면
번뜩이는 사고력이 촉진된다는 것이다.

우리의 몸과 생각은 서로 밀접하게 연결되어 있다. 그래서 자세에 따라 사고가 활성화되거나 반대로 저해될 수 있다. 무언가 생각할 일이 있을 때 자세를 신경 쓰는 사람은 거의 없겠지만, 사실 문제 해결을 위해 생각에 몰입할 때나 문제를 신속하게 처리해야 할 때 도움이 되는 자세가 있다고 한다.

결론부터 말하면 일반적으로 어떤 영감을 얻고 싶을 때는 팔을 굽히고 생각하는 것이 좋다. 즉, 가슴 앞에서 팔짱을 낀 자세로 생각하면 머릿속에서 생각지도 못했던 영감이 떠오를 수 있다는 것이다. 반대로 어떤 일을 차근차근 생각할 때는 팔꿈치를 쭉 편 채 생각하는 것이 좋다고 한다.

미국 컬럼비아 대학 로널드 프리드먼(Ronald S. Friedman)과 독일 뷔르츠부르크 대학 옌스 푀르스터(Jens Förster)는 팔을 뻗거나 굽히는 동작이 우리 사고에 어떤 영향을 미치는가를 연구하기 위해 지각 속도와 창조성을 판단하는 테스트를 했다. 그들은 여러 명의 실험 참가자를 선별해 팔의 자세를 다양하게 취하도록 요구했다.

그 결과, EFT 지각 테스트(숨겨진 물체를 발견하는 테스트로 정답을 찾으려면 직감적인 영감이 필요하다)를 할 때는 팔을 쭉 뻗고 있을

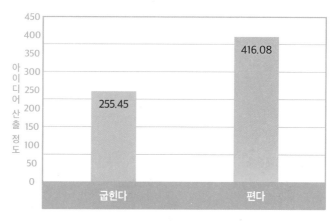

<그림 5-1> 팔을 굽히고 생각하면 '영감'을 얻기 쉽다

(출전: Friedman R. S. & Forster J., 2000)

때보다 팔을 굽히고 있는 편이 두 배 가까운 속도로 정답을
맞힌다는 사실을 알 수 있었다. 즉, 팔을 굽히고 있으면 번뜩
이는 사고력이 촉진된다는 것이다〈그림 5-1〉. 반면 팔을 바르
게 편 상태에서는 '아, 여기에 정답이 숨어 있구나' 하는 영감
을 얻기까지 다소 시간이 걸렸다.

　그렇다고 무언가를 생각할 때 계속 팔을 굽힌 채로 있어야
하는 것은 아니다. 팔을 굽히고 있으면 영감을 얻게 되는 등
의 사고력은 촉진되지만 한편으로 오답이 나올 가능성도 크
다고 한다. 따라서 적당히 활용하는 것이 좋다. 만약 팔꿈치

팔 짱 에 서 나 오 는

아 이 디 어 들...

를 편 채로 오래 있었더니 부주의로 인한 실수가 줄었다면 팔을 똑바로 뻗는 자세는 논리적인 문제나 조리 있는 사고를 필요로 하는 테스트에 유리하다고 할 수 있다. 팔을 굽히지 않고 쭉 펴는 동작이 머릿속을 이성적으로 만드는 것이다.

결국 새로운 것을 발명할 때나 신속한 의사결정이 필요한 경우에는 '영감'을 떠올리기 위해 팔을 굽혀서 생각하는 것이 좋다. 하지만 부기나 계산할 때처럼 시간이 다소 걸리더라도 정확한 판단이 요구될 때는 팔을 뻗은 상태에서 생각하는 것이 더 효과적이다. 자신이 처한 상황에 따라 팔의 자세를 바꾸는 것이 좋다는 이야기다.

직감적인 사고를 할 때는 팔을 굽히고, 이성적인 사고를 할 때는 팔을 쭉 뻗어보라. 물론 머리를 써야 할 때 팔의 자세까지 신경 쓴다는 것은 쉽지 않은 일이지만, 생활 속의 작은 지혜로써 기억해 두면 요긴하게 쓰일 때가 있을 것이다.

머리 좋은 사람을 생각하면 실제로 머리가 좋아진다고?

랏바우트 대학 사회심리학자 압 데익스테르하위스 박사의
'인지와 행동의 관계' 실험

네덜란드 네이메헌 랏바우트 대학 사회심리학자 압
데익스테르하위스 박사는 학생들을 세 그룹으로
나누어 다음의 세 가지를 각각 제시하고 5분 동안
생각하게 했다. 즉, 한 그룹에게는 '대학교수'를
생각하게 하고 다른 그룹에게는 '비서'를 생각하게
하고 나머지 한 그룹에게는 아무것도 생각하지 않게
했다. 그렇게 5분이 지난 후 데익스테르하위스 박사는
학생들에게 여러 가지 지식을 묻는 일반적인 퀴즈를
냈다. 지식수준이 비슷한 이 학생들이 퀴즈 전 5분간의
생각의 차이에 따라 퀴즈 정답률에 차이를 보였을까?

나이를 의식해서 '늙음'을 생각하면 실제로 늙게 되고 머릿속에서 '도서관'을 떠올리면 자신도 모르게 목소리를 낮추게 되는 것처럼 우리의 생각은 신체에 영향을 미친다. 그렇다면 머리 좋은 사람을 생각하면 자신의 머리도 좋아질 수 있을까? 믿기 어렵겠지만 이 질문에 대한 대답은 "그렇다"이다. 머릿속으로 '천재란 어떤 사람일까?' 혹은 '머리가 좋은 사람은 어떤 사람일까?' 등 머리 좋은 사람을 골똘히 생각하면 그만큼 자신의 머리도 좋아진다는 것이다.

네덜란드 네이메헌 랏바우트 대학 사회심리학자 압 데익스테르하위스(Ap Dijksterhuis) 박사는 학생들을 세 그룹으로 나누어 다음의 세 가지를 각각 제시하고 5분 동안 그것을 생각하게 했다.

- '대학교수'는 어떤 일을 하는 사람인가요? 교수가 하는 일과 라이프스타일, 모습 등을 생각나는 대로 써보시오.
- '비서'는 어떤 일을 하는 사람인가요? 비서가 하는 일과 라이프스타일 등을 생각나는 대로 써보시오.
- 아무것도 생각하지 않는다.

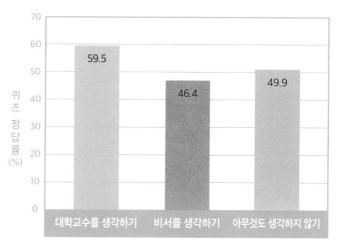

<그림 5-2> 머리 좋은 사람을 생각하면 정말로 머리가 좋아진다

퀴
즈
정
답
률
(%)

| 대학교수를 생각하기 | 비서를 생각하기 | 아무것도 생각하지 않기 |

59.5

46.4

49.9

현재 처한 상황

(출전: Dijksterhuis A. & Knippenberg A. V., 1998)

그렇게 5분이 지난 후 데익스테르하위스 박사는 학생들에게 여러 가지 지식을 묻는 일반적인 퀴즈를 냈다. 예를 들면 〈게르니카〉의 작가는 누구일까요?' 혹은 '방글라데시의 수도는?' 등의 문제였다. 그런데 본래 학생들은 비슷한 지식 수준을 보였음에도 '대학교수'를 생각하게 했던 그룹의 정답률이 더 높았다. 신기하게도 일반적으로 '똑똑한 사람' 혹은 '지성적인 사람'으로 인식되는 대학교수를 생각하다 보니 학생들의 머리까지 좋아지게 된 것이다〈그림 5-2〉.

이렇듯 '뉴턴이라면 어떻게 생각할까?' 또는 '아인슈타인이라면 어떻게 답을 이끌어낼까?'라고 생각하면 정말로 머리가 좋아진다. 머릿속에서 '천재'와 관련된 생각이 활성화해 자신도 그렇게 되는 것이다. 이 손쉬운 방법은 놀랄 정도로 효과가 있다.

어려운 문제를 풀어야 할 경우, 자기 머리에만 의지하는 것보다 '하버드 대학의 교수라면 어떻게 풀어나갈까?'라고 생각해보는 것도 재미있을 것 같다. 그러면 그때까지 떠오르지 않던 해답의 실마리가 떠오를지도 모른다.

부정적인 생각이
IQ를 떨어뜨린다?

케이스 웨스턴 리저브 대학 로이 바우마이스터 교수의
'부정적 생각이 인지 과정에 미치는 영향' 연구

케이스 웨스턴 리저브 대학 로이 바우마이스터 교수는
IQ가 비슷한 학생들을 두 그룹으로 나눠 심리 테스트를
실시했다. 그런 다음 한 그룹에게는 "이 테스트 결과에
따르면 자네는 미래에 고독한 죽음을 맞이할 가능성이
크네" 혹은 "자네는 교통사고를 당할 확률이 높은 것
같군" 하는 식으로 우울해질 만한 결과를 말해주었다.
또 다른 그룹에게는 "자네는 많은 사람에게 둘러싸여
행복한 인생을 보낼 것이네"라는 결과를 말해주었다.
물론 심리 테스트는 엉터리였고 단지 실험을 위해 좋지
않은 이야기와 좋은 이야기를 들려준 것이다. 그러고
나서 학생들의 IQ 검사를 실시했다. 학생들의 IQ에
주목할 만한 변화가 있었을까?

머리가 좋아지려면 부정적인 일은 절대 생각하지 않는 것이 좋다. '공부를 해도 어차피 점수가 잘 나오지 않을 텐데 뭐'라거나 '공부하면 뭐해? 금방 잊어버릴 텐데'처럼 부정적인 생각을 하게 되면 결코 머리가 좋아질 수 없기 때문이다. 이왕이면 '좀 더 공부하면 이 분야의 전문가가 될 수 있을 거야'라거나 '난 머리가 좋아서 한번 배운 것은 절대 잊지 않아'라고 생각하는 것이 상황을 개선하는 데 효과적이다.

공부뿐 아니라 자신의 미래 또한 밝고 긍정적인 이미지로 그리는 것이 좋다. '10년 후에는 엄청난 부자가 되어 있을 거야' 혹은 '멋진 가정을 꾸려가고 있을 거야'라고 상상하는 것이 좋다. 밝은 미래를 상상하면서 빙그레 미소를 지으며 공부하면 그만큼 IQ가 높아진다고 하는 놀라운 조사 결과가 있다.

케이스 웨스턴 리저브 대학 로이 바우마이스터(Roy F. Baumeister) 교수는 IQ가 비슷한 학생들을 두 그룹으로 나눠 심리 테스트를 했다. 한 그룹에게는 "이 테스트 결과에 따르면 자네는 미래에 고독한 죽음을 맞이할 가능성이 크네", "자네는 교통사고를 당할 확률이 높은 것 같군" 하는 식으로 우울해질 만한 결과를 말해주었다. 물론 그 심리 테스트는 엉터리였고 단지 실험을 위해 좋지 않은 이야기를 들려준 것이다. 또 다른 그룹에게는 "자네는 많은 사람에게 둘러싸여 행복한 인생을 보낼 것이네"라는 결과를 말해주었다. 즉, 그들에게는 밝은 미래 이미지를 그릴 수 있도록 말해준 것이다.

그런 다음 바우마이스터 교수는 학생들의 IQ 검사를 실시했다. 그런데 흥미롭게도 자신의 미래가 밝을 것이라는 이야기를 들은 그룹의 IQ가 더 높게 나왔다. 반대로, 우울한 이야기를 들은 그룹의 IQ는 상대적으로 낮게 나왔다. 기분이 가라앉아 머리회전이 현저하게 나빠진 탓이다.

'수재(秀才)'라고 하면 보통 내향적이고 무거운 표정을 지은 채 틀어박혀 연구하는 것만 좋아하는 이미지를 연상하지만, 실제로는 머리가 좋은 사람이 성격도 밝다는 사실이 밝혀진 셈이다. 영화나 드라마에서 흔히 볼 수 있는 것처럼 머리에 띠를 두르고 비장한 각오로 자신을 혹사시키며 공부하는 사람은 대체로 성적이 그리 좋지 않다. 오히려 무리하지 않으면서 설사 성적이 조금 나쁘게 나올지라도 크게 웃을 수 있는 사람이 결국에는 더 좋은 성적을 올릴 수 있다. 밝게 생각하는 사람의 IQ가 더 높기 때문이다.

성격을 바꾸면 학습 능률도 오른다. 그러므로 머릿속에 비관적이고 어두운 생각만 떠올리는 사람은 학습을 하기에 앞서 성격부터 밝게 만드는 것이 좋다.

심리실험 35

많이 안아주면 아이의 머리가 정말 좋아질까?

캘리포니아 대학 버클리의 심리학자 매튜 허턴스타인 박사의 '유아기 인간 발달에 있어 접촉의 기능' 연구

미국 캘리포니아 대학 버클리의 심리학자 매튜 허턴스타인 박사는 부모가 아이를 따뜻하게 안아주며 긍정적인 표현을 하는 것을 '접촉 커뮤니케이션'이라고 부른다. 허턴스타인에 따르면 영유아기부터 부모가 사랑을 가득 담아 아이를 안아주면 아이들의 머리가 좋아진다고 한다. 간지럼 태우기, 안아주기, 업어주기 등의 신체 접촉이 아이들의 성장을 촉진한다는 것이다. 그렇다면 반대로 신체 접촉을 거부당한 아이는 어떻게 될까?

아이들이 자라서 공부를 좋아하게 되거나 머리가 좋아지는 것은 부모가 어떻게 해주느냐에 달려 있다고 한다. 값비싼 장난감이나 교재를 사주거나 응석받이로 키우라는 이야기가 아니다. 그저 꼭 안아주기만 하면 된다. 안아줄 때는 "우리 딸 참 예쁘구나" 혹은 "우리 아들 최고다"라고 긍정적인 표현을 하면서 안아주어야 한다.

미국 캘리포니아 대학 버클리의 심리학자 매튜 허턴스타인 (Matthew J. Hertenstein) 박사는 이것을 '접촉 커뮤니케이션'이라고 부른다. 허턴스타인에 따르면 영유아기부터 부모가 사랑을 가득 담아 아이를 안아주면 아이들의 머리가 좋아진다고 한다. 간지럼 태우기, 안아주기, 업어주기 등의 신체 접촉이 아이들의 성장을 촉진한다는 것이다.

그렇다면 신체 접촉을 거부당한 아이들은 어떻게 될까? 그럴 경우 아이의 지적, 신체적 발육이 늦고 몸도 잘 자라지 않는다고 한다. 어른의 보호나 포옹을 받지 못하는 아이는 지적인 면과 신체적인 면에서 뒤처지게 되므로 가능한 한 아이들과 신체 접촉을 많이 하는 것이 좋다.

최근 부모가 어린 자식을 아무렇게나 방치하거나 학대해

죽음에 이르게까지 만든 뉴스 여러 건이 보도되어 전 사회를 분노하게 했다. 그런 일을 볼 때마다 마음이 아프다. 부모가 아이를 따뜻하게 안아주는 습관을 들이면 애정이 절로 솟아나 학대하거나 버리는 일은 없어지지 않을까?

'꿈나무'라는 말이 딱 어울릴 만큼 아이들에게는 무한의 잠재력이 있다. 그리고 부모의 역할은 그것을 잘 이끌어내는 데 있다. 무엇보다 아이들은 부모의 사랑과 애정을 먹고 자라나며 부모의 품에 안기기를 좋아한다. 특히 청소년 시기로 갈수록 아이들 쪽에서 점차 포옹을 꺼릴 수 있으므로 가능한 한 어린 시절에 많이 안아주는 것이 좋다. 부모가 많이 안아주고 보살피는 아이는 눈빛에 편안함이 묻어나며 성격도 밝고 명랑하다.

부모의 높은 기대가
아이를 천재로 만든다고?

러트거스 뉴저지 주립대학 앨리슨 스미스 박사의
'자기 충족 예언' 연구

미국 러트거스 뉴저지 주립대학 앨리슨 스미스 박사는
'기대'와 관련해 초등학교 6학년에서부터 고등학교
3학년에 이르는 학생 500명을 대상으로 실험을 했다.
그는 수학교사가 학생의 성적이 오를 거라는 기대감을
내비친 후 학년이 끝날 때 어떠한 결과가 나타나는지
추적했다. 실험 결과 교사가 성적이 오를 것으로
기대한 학생의 성적은 최대 54퍼센트까지 올라갔다.
교사의 기대만으로 아이들이 이토록 크게 성장할 수
있다면, 부모의 기대를 받은 아이가 어떻게 성장할지는
충분히 예측할 수 있지 않을까?

역사적으로 위대한 성취를 이루어낸 천재들은 대체로 부모에게서 기대를 받고 자란 사람들이다. 모차르트는 혼자서 위대한 작곡가가 된 것이 아니라 아버지 레오폴트의 기대와 관심에 힘입어 천재 음악가로 성장할 수 있었다. 골프선수 타이거 우즈, 테니스 선수 마리아 샤라포바도 부모의 존재를 빼놓고 이야기할 수 없다. 천재가 천재다울 수 있는 것은 부모가 얼마만큼 아이에게 기대를 거는가에 달려 있다고 해도 과언이 아니다.

따라서 부모는 아이들에게 듬뿍 기대를 걸어야 한다. '이 녀석은 틀림없이 중요한 인물이 될 거야'라는 식의 기대를 가져야 할 뿐 아니라 실제로 그런 말을 해주어야 한다. 심리학에서는 부모나 교사가 기대를 걸면 걸수록 아이의 성적이 향상된다는 것이 실제로 증명되고 있다.

미국 러트거스 뉴저지 주립대학 앨리슨 스미스(Alison E. Smith) 박사는 '기대'와 관련해 초등학교 6학년에서부터 고등학교 3학년에 이르는 학생 500명을 대상으로 실험을 했다. 그는 수학교사가 학생의 성적이 오를 거라는 기대감을 내비친 후 학년이 끝날 때 어떠한 결과가 나타나는지 추적했다.

실험 결과 교사가 성적이 오를 것으로 기대한 학생의 성적은 최대 54퍼센트까지 올라갔다.

교사의 기대만으로 아이들이 이토록 크게 성장할 수 있다면, 부모의 기대를 받은 아이가 어떻게 성장할지는 충분히 예측할 수 있을 것이다. 아이는 누구나 성장할 자질을 갖추고 있다. 단지 부모와 교사가 기대하며 자극하지 않아 그 자질을 싹틔우지 못할 뿐이다.

아이들에게 "너는 안 돼!" 혹은 "이런 문제도 못 풀어?"라는 식의 말은 절대로 해서는 안 된다. 나쁜 점수를 받아왔을 때조차 "다음에는 잘할 수 있을 거야"라고 기대감이 담긴 말을 해주어야 한다. 내 어머니는 어린 시절 내가 거짓말을 했을 때조차 "이렇게 태연하게 거짓말을 할 줄 아니 커서 작가나 정치가가 되겠는걸"이라고 말했다. 결국 나는 몇 권의 책을 펴낸 작가가 되었다. 이처럼 부모의 기대는 아이들에게 절대적으로 통한다.

부모가 기대를 걸면 말이나 얼굴 표정으로 그 느낌이 아이들에게 전달된다. 이에 따라 아이들은 부모의 기대를 충족시키기 위해 노력하게 되고, 그러면서 아이들은 성장하는 것이다. 그렇다고 그 기대가 100점을 받아와야 한다거나 특정 대학에 진학해야 한다는 것처럼 너무 무거운 것은 바람직하지 않다. 아이들이 중압감을 느낄 만한 기대는 오히려 역효과를 불러올 수 있으므로 아이들이 감당할 수 있을 만큼의 기대를 거는 것이 좋다. 그 균형을 유지하는 것이 쉽지 않을 텐데 아이를 잘 관찰하다 보면 아이의 그릇이 어느 정도인지 파악할 수 있을 것이다.

몸의 긴장을 풀고 머릿속을 텅 비게 만들면 기억력이 향상된다?

위스콘신 메디컬 칼리지 마취과의 주디스 휴데츠 교수의 '기억력 테스트'

미국 위스콘신 메디컬 칼리지 마취과의 주디스 휴데츠 교수는 17세부터 56세까지의 자원봉사자들을 상대로 기억력 테스트를 실시했다. 그것은 WAIS-III 문자 숫자 계열 테스트로, 예를 들면 실험자가 T→9→A→3으로 읽고 나면 피실험자는 그것을 숫자와 알파벳 순서대로 고쳐 3→9→A→T로 답하는 것이다. 이 테스트에 앞서 피실험자들은 10분간 긴장 풀기, 10분간 음악 듣기, 10분간 독서하기 조건에 놓였다. 이 세 가지 조건 중 어떤 것이 기억력 향상에 가장 효과적이었을까?

무언가를 배우려면 우선 머릿속이 편안한 상태가 되어야 한다. 긴장하거나 압박감을 느끼면 기억할 수 있는 것조차 잊어버릴 가능성이 크기 때문이다. 따라서 자신을 긴장 상태에 몰아넣고 고지식하게 무언가를 배우는 습관이 있는 사람은 좀 더 편안한 자세를 유지할 필요가 있다.

예를 들어 자격증을 위해 공부할 때 '올해 안에 반드시 해내고 말테야'라는 식으로 생각하면 오히려 머릿속에 지식이 들어오지 않는다. 필요 이상으로 긴장하면 능률이 떨어지고 마는 것이다. 그보다는 공부 자체를 즐기면서 '몇 년이 걸려도 상관없어'라는 편안한 마음으로 공부하면 새로운 지식이 머릿속에 쏙쏙 들어온다.

미국 위스콘신 메디컬 칼리지 마취과의 주디스 휴데츠(Judith A. Hudetz) 교수는 17세부터 56세까지의 자원봉사자들을 상대로 기억력 테스트를 실시했다. 그것은 WAIS-Ⅲ 문자 숫자 계열 테스트로, 예를 들면 실험자가 T→9→A→3으로 읽고 나면 피실험자는 그것을 숫자와 알파벳 순서대로 고쳐 3→9→A→T로 답하는 것이다.

이 기억력 테스트에 앞서 휴데츠 교수는 아래 세 가지 조건

을 마련했다. 피실험자들은 각각의 조건을 거친 후 기억력을
측정했다.

- 10분간 긴장을 풀게 한다.
- 10분간 음악을 듣게 한다.
- 10분간 독서를 하게 한다.

이 세 가지 조건 중 가장 효과적이었던 것은 긴장을 풀게
하는 것이었다. 음악을 듣거나 독서를 하는 것보다 몸의 긴
장을 풀고 머릿속을 텅 비게 만들었더니 그 이후 기억력이 향
상된 것이다. 어린 시절에 우리는 흔히 자세가 바르지 않으면
공부가 잘 되지 않는다는 얘기를 많이 들으며 자랐다. 그러나
기억력에 관해서라면 편안한 자세가 기억력에 도움이 된다는
이야기다. 물론 교사의 입장에서는 아이들의 방만한 자세가
눈에 거슬릴 수 있겠지만, 학습 능력 향상을 생각한다면 어느
정도 자유스러운 분위기가 좀 더 바람직하다고 할 수 있다.
무언가를 배울 때는 자신을 지나치게 억압하거나 압박해서
는 안 된다. 즐거운 마음으로 배우는 것이 최고의 학습법이
다. 편안한 자세로 배움에 임하면 지식이 훨씬 수월하게 머릿
속으로 들어오는 것은 물론 쉽게 잊히지도 않는다.

쉬운 과제보다
어려운 과제를 받은 사람이
더 큰 만족을 얻는다?

켄터키 대학 리처드 길먼 박사와
뉴사우스웨일스 대학 대학원 로버트 우드 박사의
'목표의 크기, 복잡성과 성취감의 관계' 연구

미국 켄터키 대학 교육심리학자 리처드 길먼
박사는 크로아티아와 미국 청소년을 조사한 결과
감당하기 어려운 과제를 부과한 쪽이 오히려 학업
만족도가 높았다고 보고했다. 또한 오스트레일리아
뉴사우스웨일스 대학 대학원 로버트 우드 박사도
1966년부터 20년간 심리학 잡지에 발표된 122개
연구를 정리해 같은 결과를 얻었다. 작은 목표를
세워 꾸준히 전진하는 것보다 커다란 목표를 단번에
돌파해낼 때 만족도가 더 높다는 것이다. 목표의
크기에 따라 성취감의 크기 역시 달라진다.

목표에 대해 사람들은 저마다 다른 개념을 가신다. 어떤 사람은 작은 목표를 세워 하나하나 성취해가면 큰 목표를 달성하기가 쉽다고 강조한다. 심리학에서도 '스몰 스텝(Small Step) 원리'라고 해서 한 번에 큰 지점에 도달하려고 하기보다 한 단계 한 단계 오르면 결국 큰 성과를 올릴 수 있다는 법칙이 널리 알려져 있다. 헬리콥터로 단번에 산 정상에 다다르는 방법도 있겠지만 산 밑자락부터 한 걸음씩 걸어 올라가는 것이 의미가 있다고 보는 시각이다.

물론 맞는 말이긴 한데 작은 목표만으로는 왠지 흥이 나지 않는다는 문제점이 있다. 때론 힘들게 도전해볼 만한 거대한 목표를 세우는 것이 의욕을 높이는 방법이 되기도 한다.

미국 켄터키 대학 교육심리학자 리처드 길먼(Richard Gilman) 박사는 크로아티아와 미국 청소년을 조사한 결과 감당하기 어려운 과제를 부과한 쪽이 오히려 학업 만족도가 높았다고 보고했다. 또한 오스트레일리아 뉴사우스웨일스 대학 대학원 로버트 우드(Robert E. Wood) 박사도 1966년부터 20년간 심리학 잡지에 발표된 122개 연구를 정리해 같은 결과를 얻었다. 작은 목표를 세워 꾸준히 전진하는 것보다 커다란 목표를 단번에 돌파해낼 때 만족도가 더 높다는 것이다. 목표의 크기에 따라 성취감의 크기 역시 달라진다.

예를 들어 매일 책을 2쪽씩 읽겠다는 작은 목표를 세우는 것은 처음으로 책을 읽는 사람에게는 효과적인 전략이 될 수 있다. 책 읽는 습관이 몸에 배지 않았을 때는 그렇게 하는 것이 '작심삼일'로 끝나지 않도록 하는 데 도움이 되기도 한다. 그러나 목표가 작으면 그리 어렵지 않게 달성할 수 있기 때문에 성취감은 크지 않다. 낮은 허들을 뛰어넘었다고 해서 크게 기뻐하는 사람은 별로 없다. 따라서 어느 정도 책 읽기에 익숙해진 사람은 커다란 목표를 세우는 것이 좋다. 하루에 책한 권을 읽겠다는 목표를 세운다면 그것을 달성했을 때의 만족감은 매우 크다.

큰일을 작게 나누면 다루기 쉽지만 작은 일을 끝내더라도 별로 성취감이 없다는 점에 주의해야 한다. 특히 작은 목표는 흐지부지 끝나버리는 경우가 많다. 따라서 새로운 분야를 알고 싶어 책을 읽을 때는 '입문서를 한 권 읽자'라는 가벼운 마음으로 시작하더라도 목표만큼은 '이 분야를 통달해보자'라고 크게 정하는 것이 좋다. 어느 분야에서든 그것에 몰두하지 않으면 진정한 기쁨은 맛볼 수 없다.

'아침형 인간'이 '저녁형 인간'보다 시험에서 유리한 이유는?

미시건 주립대학 갤런 바덴하우젠 박사의 '체험적 판단원칙으로서의 고정관념' 연구

미국 미시건 주립대학 갤런 바덴하우젠 박사는 아침형 인간에게는 밤 8시에, 저녁형 인간에게는 오전 9시에 판단을 필요로 하는 작업을 시켜보았다. 자신의 타입과 반대되는 시간대에 머리를 쓰게 한 것이다. 그 결과, 아침형 인간은 저녁이 되자 판단력이 흐려져 오전에 똑같은 작업을 했을 때와 비교해 23퍼센트나 오답이 증가했다. 아침의 오답률이 71퍼센트였는데 비해 저녁에는 오답률이 94퍼센트로 늘어난 것이다. 반대로 저녁형 인간은 밤에 70퍼센트밖에 틀리지 않던 문제를 아침에는 92퍼센트나 틀렸다고 한다. 오답이 22퍼센트나 증가한 것이다. 시험을 준비하고 있다면 저녁형 인간은 아침형 인간으로 전환해야 할까?

살아가면서 우리는 무수히 많은 시험을 치르는데, 시험은 대개 오전에 실시된다. 물론 오전에 시작해 오후까지 이어지는 시험도 있지만, 저녁에 시험을 시작하는 경우는 매우 드물다. 따라서 오전 시험 시간대에 맞춰 몸의 컨디션을 조절하고 오전 중 두뇌회전이 최고로 잘 이루어지도록 할 필요가 있다. 이것이 바로 내가 아침형 인간을 강조하는 이유다. 저녁형 인간은 오전에 머리가 무거워지는 경향이 있기 때문이다.

조용한 저녁 시간에 공부하는 것이 더 좋다고 생각하는 사람도 있겠지만, 그러면 시험이 시작되는 오전 시간에 맞춰 컨디션을 최상으로 유지하기가 쉽지 않다. 아침형 인간이 아니면 맑은 정신으로 오전 시험에 임할 수 없는 것이다.

미국 미시건 주립대학 갤런 바덴하우젠(Galen von Bodenhausen) 박사는 아침형 인간에게는 밤 8시에, 저녁형 인간에게는 오전 9시에 판단을 필요로 하는 작업을 시켜보았다. 즉, 자신의 타입과 반대되는 시간대에 머리를 쓰게 한 것이다.

그 결과, 아침형 인간은 저녁이 되자 판단력이 흐려져 오전에 똑같은 작업을 했을 때와 비교해 23퍼센트나 오답이 증가했다. 아침의 오답률이 71퍼센트였는데 비해 저녁에는 오답률이 94퍼센트로 늘어난 것이다. 반대로 저녁형 인간은 밤에 70퍼센트밖에 틀리지 않았던 문제를 아침에는 92퍼센트나 틀렸다고 한다. 오답이 22퍼센트나 증가한 깃이다.

이처럼 저녁형 인간은 상대적으로 오전에 두뇌회전이 느리다. 이에 따라 오전에 실시되는 시험에서 부주의로 인한 실수가 늘게 된다. 아침형으로 전환하는 것이 좋다는 이유가 바로 여기에 있다. 비즈니스 세계에서도 '아침형 인간이 출세할 확률이 높다'는 조사 결과가 나와 있으므로 아침형으로 전환하는 것이 좋다.

밤에 공부나 일을 하는 것이 더 능률적이라고 말하는 사람은 그렇게 믿고 습관을 들였기 때문에 그런 것이다. 일이나 공부는 물론 여러 가지 면에서 아침형이 확실히 더 능률적이다. 실제로 밤에 3시간을 공부하는 것보다 아침에 1시간 일찍 일어나 하는 것이 훨씬 효율적이다.

나 역시 과거에는 저녁형 인간이었다. 그러나 아침형 인간으로 바뀐 뒤부터 스스로 믿을 수 없을 만큼 두뇌회전이 빨라졌다. 저녁형 인간으로 살 때는 책을 2, 3권밖에 쓰지 못했는데 아침형 인간이 된 후 10권 이상을 집필할 수 있었다. 내가 저녁형이 더 집중이 잘 되어 좋다고 생각한 것은 막연히 그렇게 믿고 있던 고정관념이었을 뿐이다. 막상 아침형으로 바꾸자 일의 효율이 다섯 배나 높아졌다.

　물론 저녁형 인간이 아침형 인간으로 바뀌는 것은 쉬운 일이 아니다. 그러나 우리 몸은 환경에 적응하는 능력이 있으므로 처음 며칠의 고비를 잘 넘기면 아무런 문제가 없다.

무작정 외우지 않고
목록을 작성해 암기하면
기억력이 두 배 향상된다?

뉴욕 주립대학 마이클 버존스키 교수의
'정체성, 사회심리적 성숙도와 학업 성취도' 연구

미국 뉴욕 주립대학 마이클 버존스키 교수는 학생
460명을 상대로 평균 성적(GPA)을 조사한 결과 혼자
힘으로 해결하는 습관이 있는 학생일수록 성적이
높았음을 지적하고 있다. 교수의 강의나 교과서 내용에
자기 의견을 덧붙이지 않고 그대로 받아들이는 학생은
성적이 그리 좋지 않았다고 한다. 또 캐나다 토론토
대학 노먼 슬라메카 교수는 주어진 목록을 통째로
암기하는 것보다 나름대로의 방식으로 목록을 작성해
기억하는 것이 두 배 가까이 기억력을 향상시킨다는
사실을 밝혀냈다. '이것을 기억하시오'라고 지시받은
것을 기억하는 것보다는 '이것을 어떻게 외우면
좋을까?'라고 스스로 생각하는 것이 기억력을 더
높여준다는 이야기다.

정말로 현명한 사람은 외부 도움 없이 자기가 가진 힘을 최대한 활용해 무언가를 해보려고 시도한다. 하지만 요즘에는 처음부터 타인에게 의존하려는 사람이 더 많은 것 같다. 어쩌면 그것은 학창시절부터 길러진 습성인지도 모른다. 요즘 아이들은 스스로 공부하는 것이 아니라 학원에 의존해 공부하기 때문에 혼자서 무언가를 하는 것에 익숙지 못하다.

물론 학원에서 여러 가지 지식을 가르쳐준다. 하지만 그것은 '지식'에 불과하며 '지혜'가 아니다. 스스로 지혜를 짜내지 못하고 기계처럼 지식을 받아들이기만 하면 혼자 힘으로 어떤 시도를 할 수 있는 기회가 찾아와도 그 기회를 스스로 포기하게 된다.

그런 의미에서 안이하게 책에만 의존하려는 경향 역시 그리 바람직하지 못하다. 독일 철학자 쇼펜하우어(Arthur Schopenhauer)는 "독서란 자기 머리가 아닌 남의 머리로 생각하는 것이라 책만 읽고 있으면 두뇌회전이 둔해진다"라고 말했다. 즉, 진정한 지혜를 얻고자 한다면 책을 읽기 전에 먼저 스스로 생각해 볼 필요가 있다는 것이다.

수많은 생물학 책에는 곤충에 대한 정의와 곤충의 생태 등이 자세하게 기록되어 있다. 그러나 그런 책만 읽는 것과 직접 곤충을 잡아 스케치를 하거나 기르면서 의문이 생길 때 책을 자료로써 활용하는 것과는 현격한 차이가 있다. 특히 자신이 직접 나서서 어떤 행동을 하는 것 자체가 학습 의욕을 불러일으킨다.

미국 뉴욕 주립대학 마이클 버존스키(Michael D. Berzonsky) 교수는 학생 460명을 상대로 평균 성적(GPA)을 조사한 결과, 혼자 힘으로 해결하는 습관이 있는 학생일수록 성적이 높았음을 지적하고 있다. 교수의 강의나 교과서 내용에 자기 의견을 덧붙이지 않고 그대로 받아들이는 학생은 성적이 그리 좋지 않았다고 한다.

또 캐나다 토론토 대학 노먼 슬라메카(Norman J. Slamecka) 교수는 주어진 목록을 통째로 암기하는 것보다 나름대로의 방식으로 목록을 작성해 기억하는 것이 두 배 가까이 기억력을 향상시킨다는 사실을 밝혀냈다. '이것을 기억하시오'라고 지시받은 것을 기억하는 것보다는 '이것을 어떻게 외우면 좋을까?'라고 스스로 생각하는 것이 기억력을 더 높여준다는 이야기다.

손쉽게 학원이나 책 혹은 누군가에게 의존하려 든다면 적극적인 학습 의욕이 생겨나지 않는다. 직접 조사할 때 학습의 즐거움을 느낄 수 있으며, 연구에 따르면 앞서 경험한 사람들이 확인한 사실을 그대로 답습하는 것보다 새로운 테마를 정해 연구하거나 스스로 새 분야를 개척하는 것이 훨씬 더 즐겁다고 한다.

욕망 메커니즘을 이해하면 비즈니스가 쉬워진다

심리
실험

41

거울 앞에 서면
늘 하던 행동에
제동이 걸리는 이유는?

아이오와 주립대학 스테이시 센티어즈 박사의
'자의식이 소비행동에 미치는 영향' 실험

미국 아이오와 주립대학 스테이시 센티어즈 박사는
'고객 앞에 커다란 거울을 놓아두면 그것이 소비행동에
어떤 영향을 미칠 것이다'라는 가설을 설정하고 실험을
실시했다. 그는 대형 슈퍼마켓 마가린 시식 코너에
커다란 거울을 설치했다. 물론 어떤 날은 비교실험을
위해 거울을 설치하지 않았다. 마가린은 지방이 듬뿍
들어 진하고 맛있는 고지방 마가린, 지방 함량을
낮춘 저지방 마가린, 맛은 좀 떨어지지만 지방이
없어 건강에 좋은 무지방 마가린을 준비해 두었다.
그러한 상황에서 시식 코너를 찾은 소비자 979명(13세
이하는 제외)을 분석한 결과, 거울이 있을 때는 무지방
마가린을 선택하는 것으로 나타났다. 왜 이런 결과가
나왔을까?

거울에 비친 자기 모습을 보면 우리는 자신에 대해 다시 한 번 생각하게 된다. 말하자면 '자의식(自意識)'이 높아지는 것이다. 평소 아무 데나 휴지를 버리던 사람도 자신의 모습을 볼 수 있는 거울 앞에서는 그런 짓을 하지 않게 된다. 휴지를 아무 데나 버리는 자신의 모습을 보는 것은 그리 기분 좋은 일이 아니기 때문이다. 이처럼 우리는 거울 앞에서는 평소와 다른 행동을 하게 된다.

미국 아이오와 주립대학 스테이시 센티어즈(Stacey M. Sentyrz) 박사는 '고객 앞에 커다란 거울을 놓아두면 그것이 소비행동에 어떤 영향을 미칠 것이다'라는 가설을 설정하고 실험을 실시했다. 그는 대형 슈퍼마켓 주인에게 허락을 받고 마가린 시식 코너에 커다란 거울을 설치했다. 물론 어떤 날은 비교실험을 위해 거울을 설치하지 않았다. 마가린은 지방이 듬뿍 들어 진하고 맛있는 고지방 마가린, 지방 함량을 낮춘 저지방 마가린, 맛은 좀 떨어지지만 지방이 없어 건강에 좋은 무지방 마가린을 준비해 두었다.

그러한 상황에서 시식 코너를 찾은 소비자 979명(13세 이하는 제외)을 분석한 결과, 거울이 있을 때는 무지방 마가린을 선

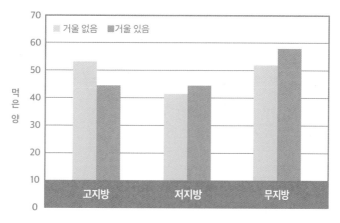

<그림 6-1> 거울이 있으면 건강에 대한 의식이 높아진다

(출전: Sentyrz S. M., et al., 1998)

택하는 것으로 나타났다. 그들은 거울에 비친 자기 모습을 보고 '이제는 건강에 신경을 써야겠군'이라는 생각을 한 것이다. 반면, 거울이 없을 때는 진하고 맛있는 고지방 마가린을 시식했다. 거울이 없을 때, 즉 자의식이 별로 높지 않을 때는 자신의 욕구에 솔직히 반응해 맛있는 것을 먹게 되는 것이다〈그림 6-1〉.

이 실험대로라면 건강식품 코너에 거울을 설치하면 큰 효과를 볼 수 있을지도 모른다. 고객의 자의식이 높아져 건강에 도움이 되는 식품을 사고 싶어 할 것이기 때문이다.

거울 제동기

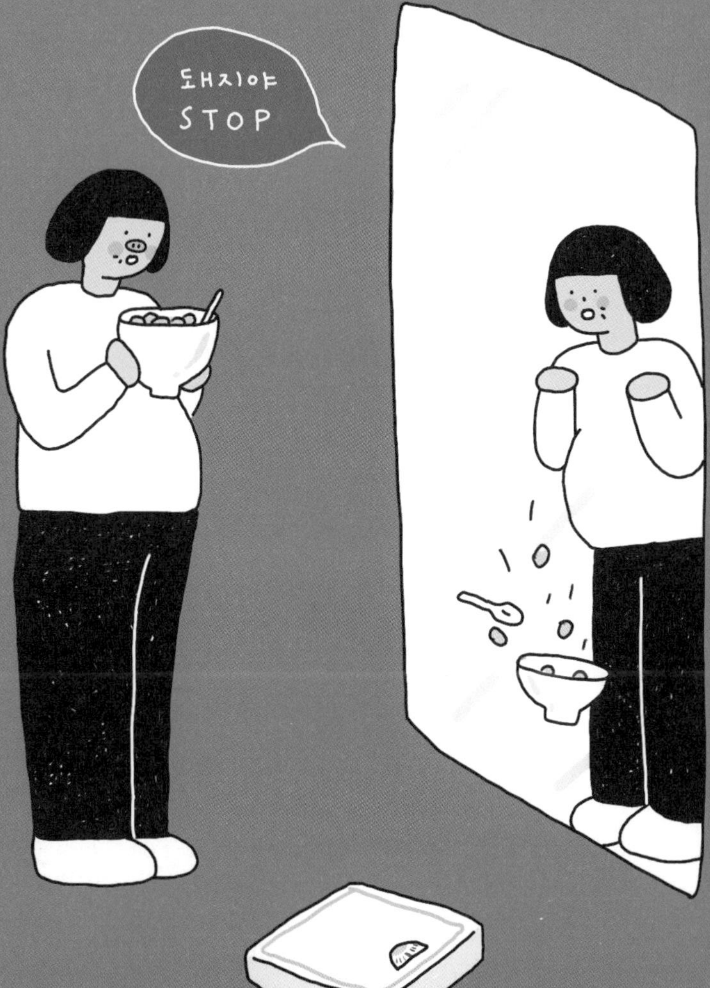
돼지야
STOP

거울이 없어도 주변에 다른 고객이 많으면 '자의식'이 높아진다는 연구 결과도 있다. 즉, 주변에 사람이 많으면 기름기가 듬뿍 들어 있는 음식보다는 상대적으로 건강에 좋은 음식을 선택하고 싶어진다는 것이다. 기름기가 흐르는 맛있는 음식은 집에서 몰래 먹어야 제맛이기 때문이다. 마찬가지로 연인과 함께 있을 때는 음식에 신경을 쓰지만 집에서 혼자 식사할 때는 자기가 먹고 싶은 것을 마음껏 먹게 된다. 자의식의 높고 낮음에 따라 그러한 차이가 발생하는 것이다.

'서브리미널' 효과는
욕구가 있는 사람에게만
나타난다고?

워털루 대학 에린 스트레이핸 박사의
'서브리미널 프라이밍과 설득' 연구

캐나다 워털루 대학 에린 스트레이핸 박사는
서브리미널이 어느 정도 효력을 발휘하는지 알아보는
실험을 했다. 스트레이핸 박사는 실험 참가자를 두
그룹으로 나눠 한 그룹은 실험 직전에 아무것도 먹거나
마시지 못하게 해서 목이 마른 상태로, 다른 그룹은
물을 듬뿍 마시게 해서 전혀 갈증이 없는 상태로
만들었다. 그런 후 참가자에게 기억력 테스트라며
모니터에 제시되는 단어를 외우라고 요청했다.
참가자에게 모두 26회 분량의 단어가 제시되는
가운데 참가자가 알아차리지 못하는 사이 '목이
마르다'는 서브리미널 메시지가 모니터에서 13회
반짝거리게 했다. 실험이 끝난 후 음료수를 제공했을
때 서브리미널 메시지에 따라 참가자 전원이 음료수를
마셨을까?

'서브리미널 효과(Subliminal effect, 잠재의식 효과)'를 알고 있는 가? 이것은 읽기 힘들 정도로 작은 글씨를 반복해서 보여주 거나 잘 들리지 않는 희미한 목소리로 같은 말을 여러 번 들 려주면 어느새 그것에 따르게 되는 현상을 의미한다. 예를 들 어 영화관에서 화면에 작은 글씨로 '팝콘을 먹자'라는 자막을 반복적으로 슬쩍 내보내면 팝콘이 먹고 싶어지는 현상을 나 타낸다.

만약 서브리미널 효과가 강력하다면 평화주의자라 할지라 도 '무기를 들고 사람을 죽이시오!'라고 계속 속삭여 그를 전 쟁터로 나가게 할 수 있을 것이다. 또한 고객이 전혀 사고 싶 지 않은 상품일지라도 '이것을 사야 한다'는 서브리미널 메시 지로 자기도 모르게 손을 뻗게 할 수도 있다. 정말로 이런 일 이 일어날 수 있을까? 실제로 이런 일이 일어난다면 위험한 일이 벌어질 수도 있다. 그런 이유 때문에 서브리미널 광고는 법률로 금지되고 있다.

하지만 다음의 실험 결과를 보면 그런 염려는 하지 않아도 좋을 것 같다. 서브리미널 효과가 실제로 있다고 해도 그 효 과는 무척 약하며 또한 한정적이라는 사실이 확인되었기 때문이다.

캐나다 워털루 대학 에린 스트레이핸(Erin J. Strahan) 박사는 서브리미널이 어느 정도 효력을 발휘하는지 알아보는 실험을 했다. 스트레이핸 박사는 실험 참가자를 두 그룹으로 나눠 한 그룹은 실험 직전에 아무것도 먹거나 마시지 못하게 해서 목이 마른 상태로, 다른 그룹은 물을 듬뿍 마시게 해서 전혀 갈증이 없는 상태로 만들었다. 즉, 한 그룹은 '물을 마시고 싶다'는 욕구가 강했고 다른 그룹은 그 욕구가 제로에 가까웠던 것이다.

그 상태에서 참가자들에게 모니터에 나오는 단어를 기억하라고 요청했다. 모니터에 '휴지'라는 단어가 나타나면 그 단어를 외워야 하는 것으로, 참가자들은 이것이 서브리미널 실험이 아니라 간단한 기억력 테스트로 알고 있었다.

참가자에게 제시된 단어는 모두 26회 분량이었고, 그중 13회에 걸쳐 참가자들이 알아차리지 못하도록 '목이 마르다'는 서브리미널 메시지가 모니터에서 반짝거리게 했다. 실험이 끝나자 스트레이핸 박사는 "수고 많으셨습니다. 음료수를 준비했으니 자유롭게 드시기 바랍니다"라고 말했다. 만일 서브리미널 메시지가 효과를 발휘했다면 참가자 전원이 음료수를 마셔야 한다.

그런데 실제로 음료수를 많이 마신 사람들은 목이 마른 상

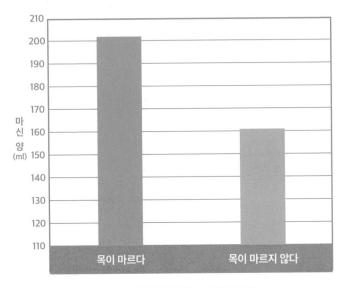

<그림 6-2> 서브리미널은 각각의 욕구에 따라 효과가 달라진다

마신양 (ml)

목이 마르다 목이 마르지 않다

■ 갈증 관련 프라임 ■ 중립 프라임

(출전: Strahan E. J., et al., 2002)

태에 있던 그룹이었다. 실험 직전에 물을 충분히 마신 그룹은 서브리미널 메시지가 주어져도 음료수를 별로 마시지 않았던 것이다〈그림 6-2〉. 결국 서브리미널은 모든 사람에게 효과가 있는 것이 아니라는 사실이 확인되었다.

서브리미널은 욕구가 있는 사람에게는 효과적이지만 욕구 가 없는 사람에게는 별다른 영향을 미치지 못한다. 예를 들어 어떤 상품을 갖고 싶은 욕구가 있지만 '조금만 더 기다리자'

라고 생각하는 사람이 있다면 그런 사람에게는 서브리미널이 효과를 발휘한다. 왜냐하면 그 사람의 내면에 갖고 싶다는 욕구가 잠재되어 있기 때문이다. 하지만 처음부터 갖고 싶은 욕구가 없던 사람에게는 효과가 없다. 서브리미널은 본래 있던 욕구를 증대시키는 효과는 있지만 욕구가 없는 사람에게 욕구를 불어넣지는 못하는 것이다.

심리
실험

43

남의 시선을 의식하는
사람에게 팔려면
포장을 화려하게 하라.
그럼 그 반대의 경우는?

유니언 칼리지 케니스 드보노 교수의
'상품 포장과 상품 평가' 연구

미국 뉴욕 유니언 칼리지 케니스 드보노 교수는
'내용물이 중요하다'는 사람을 '자기 지향적(자기 기분을
소중하게 여기는)' 유형으로, '포장이 그럴 듯해야 한다'는
사람을 '타인 지향적(타인에게 보이는 모습을 소중하게
여기는)' 유형으로 구별해 실험을 했다. 드보노 박사는
커피, 초콜릿, 병에 든 음료수를 멋지게 포장해 놓은
것과 수수하게 포장한 제품으로 준비했다. 그러고는
같은 상품을 포장만 차별화했을 때 각각의 상품에
고객이 어떤 반응을 보이는지 조사했다. 그 결과
남의 눈에 어떻게 보일까에 집착하는 타인 지향적
유형일수록 멋진 포장에 신경을 쓴다는 사실이
확인되었다.

백화점에서는 내용물에 비해 필요 이상으로 호화롭게 포장된 상품을 많이 볼 수 있다. 화장품은 보통 내용물에 비해 몇 배나 크고 화려한 상자에 포장되어 있고 고급 전자제품 중에도 그런 것이 많다. 그렇다면 고객을 크게 '상품은 내용물이 중요하다'고 생각하는 사람과 '포장이 그럴듯하지 않으면 사고 싶은 마음이 생기지 않는다'고 생각하는 사람으로 나눌 수 있지 않을까?

미국 뉴욕 유니언 칼리지 케니스 드보노(Kenneth G. DeBono) 교수는 '내용물이 중요하다'는 사람을 '자기 지향적(자기 기분을 소중하게 여기는)' 유형으로, '포장이 그럴 듯해야 한다'는 사람을 '타인 지향적(타인에게 보이는 모습을 소중하게 여기는)' 유형으로 구별해 실험을 했다.

먼저 그는 커피, 초콜릿, 병에 든 음료수를 멋지게 포장해 놓은 것과 수수하게 포장한 제품으로 준비했다. 그리고는 같은 상품을 포장만 차별화했을 때 각각의 상품에 고객이 어떤 반응을 보이는지 조사했다.

그 결과, 남의 눈에 어떻게 보일까에 집착하는 타인 지향적 유형일수록 멋진 포장에 신경을 쓴다는 사실이 확인되었다.

그들은 '멋지게 포장된 상품은 틀림없이 내용물도 훌륭할 것'
이라고 생각하는 경향이 강했던 것이다. 한마디로 말해 이들
은 외형에 약한 타입이다. 반면, 자신의 감정이나 기분을 중
시하는 자기 지향석 유형은 포장으로 상품을 판단하지 않았
다. 그들은 냉정하게 상품을 관찰했고 포장은 부차적인 문제
로 보았던 것이다.

마케터 중에는 '포장이 그럴듯하면 구매율이 높아진다'고
생각하는 사람이 많은데, 그것을 심리학적으로 좀 더 정확하
게 표현한다면 '타인의 시선을 의식하는 사람에게만 해당된
다'는 조건을 달아야 할 것이다. 자기 지향적인 사람은 아무
리 포장을 멋지게 해놓아도 크게 신경 쓰지 않기 때문이다.

이를 연령에 따라 분석해보면 일반적으로 젊은 사람들이
내용물보다 포장에 더 마음이 끌린다고 한다. 젊은이들이 '타
인의 눈에 비치는 자신의 모습'을 강하게 의식하기 때문이다.
하지만 나이가 들면서 점점 타인의 눈을 신경 쓰지 않기 때문
에 포장만으로 상품을 선택하는 일은 거의 없어진다. 이런 정
보를 마케팅에 활용한다면 큰 도움이 될 것이다.

소비자의 마음을
사로잡으려면
'공포심'을 자극하라?

펜실베이니아 주립대학 메리 핀토 교수의
'광고에서 활용되는 기법' 분석

미국 펜실베이니아 주립대학 메리 핀토 교수는
《포춘》, 《포브스》, 《뉴스위크》, 《보그》,
《리더스 다이제스트》 같은 유명 잡지 24개에 게재된
광고 3,000개 이상을 수집해 광고 기법과 효과를
분석했다. 그 결과 광고에서 소비자의 마음을 움직이는
요소로 활용하는 것은 공포, 성적 매력, 유머로 압축할
수 있다. 이 세 가지 중 하나의 기법을 적용하거나 두세
가지 기법을 복합적으로 활용하면 나름대로 효과적인
광고를 제작할 수 있을 것이다.

소비자를 겨냥한 광고를 보고 있으면 무척 재미있다는 생각이 든다. 상품 그 자체보다는 광고가 주는 다양한 변화를 즐기는 맛이 쏠쏠한 것이다. 어떤 광고는 '이 상품을 구입하지 않으면 인생이 잘 풀리지 않을 것 같다'는 느낌을 전달해 불안과 공포감을 부채질하는가 하면, 성적 매력에 호소해 이성의 관심을 확 사로잡을 수 있을 듯한 느낌을 전달하는 광고도 있다.

그러한 광고를 분석해 보면 어떤 광고가 가장 효과를 발휘하는지 알 수 있다. 효과가 없는 광고를 지속적으로 내보내는 기업은 없기 때문이다. 따라서 그 사용 빈도를 조사하면 어떤 광고가 소비자의 마음을 사로잡는지 어느 정도 예측할 수 있다.

미국 펜실베이니아 주립대학 메리 핀토(Mary B. Pinto) 교수는 《포춘(Fortune)》, 《포브스(Forbes)》, 《뉴스위크(Newsweek)》, 《보그(Vogue)》, 《리더스 다이제스트(Reader's Digest)》 같은 유명 잡지 24개에 게재된 광고 3,000개 이상을 수집해 광고 기법과 효과를 분석했다.

핀토 교수에 따르면 광고 기법은 크게 세 가지로 나타났다고 한다.

첫째, 광고의 43퍼센트가 공포감을 부채질하고 있었다. 즉, '입 냄새가 심하면 사람들이 싫어해요!'라거나 '건강에 신경 쓰지 않으면 생명을 잃을 수도 있어요!', '이 운동기구를 사용하지 않으면 남성적인 매력을 갖출 수 없어요!'라는 식으로 공포감을 부채질하는 방법이 사용되고 있었다. 고객의 구매 욕구를 자극하는 가장 좋은 방법은 불안과 공포감을 부채질하는 기법이었던 것이다.

둘째, 광고의 33퍼센트는 성적 매력을 드러내는 방법을 사용하고 있었다. 아름다운 여성모델, 잘생긴 남성모델이 성적 매력을 한껏 과시하며 상품을 추천하는 광고를 보고 있으면 누구나 시선을 빼앗기고 만다. 성적 호기심을 자극하는 광고는 분명 눈에 쏙 들어오게 마련이다.

셋째, 31퍼센트의 광고에서 유머 기법을 사용해 호소력을 높이고 있었다. 성적 매력을 강조하는 기법과 비슷한 비율을 차지한 이 방법은 보는 사람을 즐겁게 해줌으로써 소비자의 마음을 사로잡는 것이다. 미소를 짓게 하는 광고를 보고 있으면 그 상품에 친근감이 느껴지는 것도 사실이다.

이 세 가지 기법을 합친 수치가 100퍼센트를 넘은 이유는 광고에 따라 두 가지 이상의 기법을 함께 사용하는 경우가 있기 때문이다. 예를 들어 공포와 성적 매력을 동시에 사용하는 광고인 경우 각각의 분야에 포함시켰다.

결국 소비자의 마음을 움직이는 요소는 공포, 성적 매력 그리고 유머로 압축할 수 있다. 그러므로 이 세 가지 중에서 하나의 기법을 적용하거나 두세 가지 기법을 복합적으로 활용하면 나름대로 효과적인 광고를 제작할 수 있을 것이다.

한편, 광고를 주제별로 살펴보면 엄마와 아이가 함께 등장하는 광고가 많은 것으로 나타났다. 이것은 엄마가 아이를 안고 있는 이미지는 보는 사람에게 좋은 인상을 준다는 것을 의미한다. 그 다음으로 높은 비율을 차지한 광고가 동물을 이용한 것이다.

광고업계에는 '3B' 법칙이 있는데, 그것은 '미인(Beauty)', '아기(Baby)', '동물(Beast)'을 말한다. 이 중에서 한 가지 주제를 선택해 광고하면 틀림없이 성공한다는 것이다. 핀토 교수의 분석 결과대로라면 전혀 근거 없는 얘기는 아닌 것 같다.

마케팅에서 '1+1 전략'은
실제로 얼마나 효과적일까?

웨스트 플로리다 대학 데이비드 스트로메츠 교수의
'레스토랑의 팁을 늘리기 위한 사탕 활용' 연구

미국 웨스트 플로리다 대학 데이비드 스트로메츠
교수는 한 레스토랑에서 '덤'의 효과를 조사하는 실험을
실시했다. 그는 레스토랑 직원에게 80쌍의 손님을
대상으로 "사탕을 선물로 드리겠습니다. 바구니에서
좋아하는 사탕을 고르세요"라고 말하도록 부탁했다.
이때 "바구니에서 하나를 고르세요"라고 말하는
조건과 "두 개를 고르세요"라는 조건, 그리고 "하나를
고르세요"라고 말한 뒤 손님이 고르면 사라졌다가 다시
나타나 또 하나를 선물로 주는 조건으로 설정해보았다.
결과는 어떻게 나타났을까? 놀랍게도 덤으로 선물을
받은 손님이 그렇지 않았던 손님에 비해 팁을 준
비율이 높았다고 한다. 작은 선물 작전이 효과를
톡톡히 발휘한 것이다

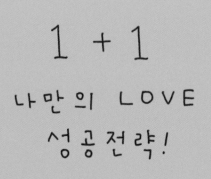

아무리 사소한 것일지라도 무언가를 덤으로 받으면 기분이 좋아진다. 예를 들어 과자를 살 때 덤으로 장난감이나 인기 애니메이션 캐릭터가 그려진 카드 혹은 귀여운 동물 카드 등을 받으면 누구나 싱글벙글한다. 주부들은 세제를 덤으로 얹어준다는 광고에 마음이 흔들려 그리 필요하지도 않은 제품을 구매하기도 한다.

미국 웨스트 플로리다 대학 데이비드 스트로메츠(David B. Strohmetz) 교수는 한 레스토랑에서 '덤'의 효과를 조사하는 실험을 실시했다. 그는 레스토랑 직원에게 80쌍의 손님을 대상으로 "사탕을 선물로 드리겠습니다. 바구니에서 좋아하는 사탕을 고르세요"라고 말하도록 부탁했다. 이때 "바구니에서 하나를 고르세요"라고 말하는 조건과 "두 개를 고르세요"라는 조건, 그리고 "하나를 고르세요"라고 말한 뒤 손님이 고르면 사라졌다가 다시 나타나 또 하나를 선물로 주는 조건으로 설정해 보았다.

어떤 결과가 나왔을까? 놀랍게도 덤으로 선물 받은 손님이 그렇지 않았던 손님에 비해 팁을 준 비율이 높았다고 한다. 작은 선물 작전이 효과를 톡톡히 발휘한 것이다⟨표 6-3⟩.

<표 6-3> 선물 주는 방식에 따른 고객의 반응

선물 주는 방식	팁을 준 고객 비율
선물을 주지 않는다	19.95%
하나의 선물을 준다	19.59%
두 개의 선물을 준다	21.62%
먼저 하나를 주고 나중에 하나를 더 준다	22.99%

(출전: Strohmetz D. B., et al., 2002)

실험에서 보듯 덤을 줄 때는 비결이 있다. 처음부터 두 개를 모두 주는 것보다 하나를 준 다음에 또 하나를 서비스로 주었을 때 고객은 더욱 기뻐하는 것이다. 주는 양은 같지만 두 번에 걸쳐서 주는 쪽이 '나만 특별하게 대하는 것이 아닐까?'라는 생각을 하도록 만들기 때문이다.

이것을 응용해 처음부터 볼펜과 노트를 모두 줄 생각이었으면서도 볼펜을 먼저 준 다음 "괜찮다면 이것도 드릴게요"라고 덤을 주듯 노트를 건네면 상대방은 더욱 기뻐한다. 연인에게 선물을 줄 때도 마찬가지다. 꽃다발과 반지를 한꺼번에 주지 말고 먼저 꽃다발을 건넨 다음 반지를 건네면 분명 기쁨과 감동이 두 배로 커질 것이다.

남성모델이 여성 화장품을 광고하고 여성모델이 스포츠카를 타고 질주하는 이유는?

몬태나 주립대학 댄 모샤비 교수의
'전화 기반 서비스 응대자의 성별에 따른 고객 만족도' 연구

미국 몬태나 주립대학 댄 모샤비 교수는 사람들이
통신판매 회사의 서비스센터 전화 응대자로 남성과
여성 중 어느 쪽을 선호하는지 조사했다. 일반적으로
남성보다 여성의 목소리가 부드럽기 때문에 전화
응대는 여성이 하는 것이 좋다고 생각하기 쉽다.
그러나 막상 조사를 해보니 고객들은 응대자의
성별과는 상관없이 대체로 만족하는 것으로 나타났다.
여기서 한 가지 재미있는 사실은 많은 고객이
'이성'에게 응대 받는 것이 훨씬 더 좋다고 대답했다는
점이다.

사람은 누구나 칭찬받기를 좋아한다. 그중에서도 득히 이성에게 받는 칭찬에 민감하다. 이에 따라 비즈니스 세계에서는 이러한 심리를 판매 전략에 활용하곤 한다. 예를 들어 구두 가게에서 잘생긴 남성 직원이 여성 고객에게 칭찬을 하면서 신발을 권하면 판매 확률이 현저히 높아진다고 한다. 좋은 인상을 주는 것을 넘어 칭찬까지 해주면 고객 입장에서는 기분 좋은 것이 사실이다. 칭찬이 자존감을 자극하기 때문이다. 남성의 경우 예쁜 여성 직원이 응대하면 사고 싶지 않던 상품까지 구입하는 일도 종종 있다.

따라서 남성용 상품이나 남성을 상대로 하는 서비스는 여성에게, 반대로 여성용 상품이나 서비스는 남성에게 맡기는 것이 좋다. 왜냐하면 많은 사람이 이성에게 받는 칭찬과 친절을 좋아하기 때문이다.

미국 몬태나 주립대학 댄 모샤비(Dan Moshavi) 교수는 사람들이 통신판매 회사의 서비스센터 전화 응대자로 남성과 여성 중 어느 쪽을 선호하는지 조사했다. 일반적으로 남성보다 여성의 목소리가 부드럽기 때문에 전화 응대는 여성이 하는 것이 좋다고 생각하기 쉽다. 그러나 막상 조사를 해보니 고객들은 응대자의 성별과는 상관없이 대체로 만족하는 것으로 나타났다. 여기서 한 가지 재미있는 사실은 많은 고객이 '이성'에게 응대 받는 것이 훨씬 더 좋다고 대답했다는 점이다.

사실, 동성보다는 이성에게 칭찬받는 것이 더욱 기분 좋다. 동성에게 칭찬받는 것도 기쁘기는 하지만 그것은 이성에게 받는 칭찬과는 비교가 되지 않는다. 식당이나 점포에서 서비스를 받아본 경험이 있다면 이것은 누구나 공감하는 사실일 것이다.

이처럼 이성의 친절이나 칭찬에 더욱 끌리는 심리를 이용한 마케팅 기법을 '섹슈얼 마케팅'이라 부른다. 남성을 위한 상품 광고에 수영복을 입은 여성이나 아름다운 여성이 출현하는 것, 반대로 여성용품 광고에 잘생긴 남성이 출현하는 것은 모두 섹슈얼 마케팅에 기초한 것이다. 이성의 심리에 호소하는 이 방법은 꽤 흥미로운 연구 영역이라고 할 수 있다.

지나치게 많거나 적을 때
모두 만족도가 떨어진다.
그렇다면 최선의 요령은?

매사추세츠 공과대학 리 매캘리스터 조교수의
'다양성 욕구 행동' 연구

미국 매사추세츠 공과대학 리 매캘리스터 조교수는
다양성 욕구 행동을 연구한 논문에서 "상품의
다양성은 고객의 선호도를 높이지만, 그것이 정도를
넘어서면 선호도는 그 이상 높아지지 않거나 오히려
감소한다"라고 주장했다. 예를 들어 어느 문방구에
펜이 한 종류밖에 없다면 누구도 그곳에서 펜을 사지
않을 것이다. 여러 종류의 구색을 갖추어 고객이
선택의 즐거움을 누릴 수 있게 해야 상품 구매로
이어질 수 있다. 한편 그 종류가 수백 가지에 이른다면
너무 많은 선택 앞에서 고민하던 고객은 구매를 포기할
수도 있다. 그러므로 지나치지 않은 정도에서 고객의
다양성 욕구를 자극하고 만족시킬 수 있는 요령이
필요하다.

상품이 달랑 하나밖에 없을 때는 선택의 즐거움을 누릴 여유도 없이 그 상품을 사야 한다. 선택의 여지가 없기 때문이다. 하지만 대다수 사람들은 다양한 상품 가운데 마음에 드는 것을 선택하는 즐거움을 누리고 싶어 한다. 이에 따라 많은 상점에서 상품을 다양하게 갖추고 있다는 것을 널리 알리고자 애를 쓴다.

특히 상점에서 할인 행사에 들어갔을 때, 산더미처럼 쌓인 물건 중 자신이 좋아하는 상품을 골라내는 것은 무척 즐거운 일이다. 무언가를 찾아내는 약간의 수고를 통해 고객은 '물건을 스스로 찾아내는 만족감'을 누리기 때문이다. 이것을 소비심리학에서는 '다양성 욕구(Variety Seeking)'라고 부른다.

고객에게는 다양한 상품을 탐색해 자신에게 딱 맞는 것을 발견해내고 싶어 하는 욕구가 있다. 이때 상품의 특성이 다양할수록 탐색의 즐거움이 더해지므로 만족감도 높아진다. 상품의 크기, 색깔, 기능 등이 다양하면 선택하는 즐거움이 증가하는 것이다. 더불어 고객은 상품에 애착을 느끼게 된다.

그러나 소비자가 원하는 다양성에는 분명 한계도 있다는 것을 잊어서는 안 된다. 상품을 선택하고 비교하는 것은 다섯

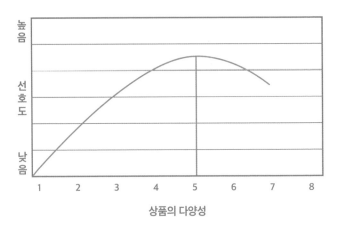

<그림 6-4> 선물 주는 방식에 따른 고객의 반응

높음

선호도

낮음

1 2 3 4 5 6 7 8

상품의 다양성

(출전: McAlister L. & Pessemier E., 1982)

가지 정도가 적당하며, 100가지나 200가지 상품 중에서 마음에 드는 상품을 골라내는 것은 오히려 귀찮은 일이 되어버린다. 물건이 다양하게 준비되어 선택의 즐거움을 누리는 것은 기쁜 일이지만 정도가 지나치면 오히려 짜증스러워진다. 선별하는 수고를 너무 많이 해야 하기 때문이다.

미국 매사추세츠 공과대학 리 매캘리스터(Leigh McAlister) 조교수는 다양성 욕구 행동을 연구한 논문에서 "상품의 다양성은 고객의 선호도를 높이지만, 그것이 정도를 넘어서면 선호도는 그 이상 높아지지 않거나 오히려 감소한다"라고 주장했다〈그림 6-4〉.

예를 들어 볼펜을 사기 위해 문방구에 들어갔다고 해보자. 이때, 문방구에 펜 종류가 한 가지뿐이라면 아무도 그 문방구에서 펜을 사지 않을 것이다. 몇 종류로 구색을 갖춰 놓지 않으면 왠지 팔다 남은 물건이라는 느낌이 드는 것은 물론 '선택하는 즐거움'을 누릴 수 없기 때문이다. 서점에서도 어떤 코너에 책이 한 권만 달랑 놓여 있으면 그 책은 잘 팔리지 않는다. 가령 심리학책을 사러왔다면 몇 권의 책을 들고 이것저것 살펴보고 싶은 것이 일반적인 심리다. 따라서 이러한 욕구를 만족시켜주지 않으면 구입할 생각이 들지 않는다. 그렇다고 해서 100권이나 200권이 넘는 심리학책이 즐비하게 늘어서 있다면 이번에는 어떤 것을 선택해야 할지 몰라 사지 않을지도 모른다. 아무리 좋은 것이라도 '정도(程度)'를 지키는 요령이 필요하다.

불황일수록 '키 큰 여성'이 인기가 좋은 까닭

'돈'보다 '인간관계'가 행복에 더 큰 영향을 미치는 심리학적 이유는?

호프 칼리지 데이비드 마이어스 교수의
'행복한 사람들의 재산, 친구, 종교' 연구

미국 홀랜드 호프 칼리지 데이비드 마이어스 교수는 "경제 성장과 국민의 행복도는 별로 연관이 없다. 돈이 많다고 해서 그만큼 행복해지는 것은 아니다"라고 날카롭게 지적했다. 그는 미국의 국세 조사와 경제 지표를 근거로 경제가 성장해도 행복을 느끼는 사람의 비율은 그리 높아지지 않았다는 것을 밝혔다. 그렇다면 우리 행복을 결정하는 요인은 무엇일까? 마이어스 박사에 따르면 '인간관계'라고 한다. 가족, 친구, 직장 동료 나아가 이웃과 좋은 관계를 유지하는 사람은 그것만으로도 '나는 행복하다'라는 의식이 높아진다. 돈보다는 인간관계가 행복에 더 큰 영향을 미치는 것이다.

명확한 근거도 없이 우리는 일반적으로 돈이 많이 생기면 지금보다 훨씬 행복해질 수 있을 것이라고 생각한다. 많은 사람이 복권을 사는 이유는 아마도 그런 꿈을 좇고 있기 때문일 것이다. 그러나 현실적으로 보면 행복은 돈과 그다지 관계가 없어 보인다. 갈수록 물질적인 풍요를 누리는 사람은 늘어나지만 그에 비례해 행복한 사람이 늘어난다는 얘기는 어디에서도 들은 적이 없다.

사실, 우리는 과거에 비해 물질적으로 엄청난 풍요를 누리고 있지만 그만큼 행복도 늘어난 것은 아니다. 오히려 물질적 풍요로움 속에서 행복은 더욱 쪼그라드는 듯한 느낌이다.

미국 홀랜드 호프 칼리지 데이비드 마이어스(David G. Myers) 교수는 "경제 성장과 국민의 행복도는 별로 연관이 없다. 돈이 많다고 해서 그만큼 행복해지는 것은 아니다"라고 날카롭게 지적했다. 그는 미국의 국세 조사와 경제 지표를 근거로 경제가 성장해도 행복을 느끼는 사람의 비율은 그리 높아지지 않았다는 것을 밝혔다.

〈그림 7-1〉에서 보듯 "나는 행복하다"라고 대답하는 사람의 비율은 어느 세대를 보아도 30퍼센트로 10명 중 3명밖에

<그림 7-1> 물질적 풍요와 행복은 그다지 상관이 없다

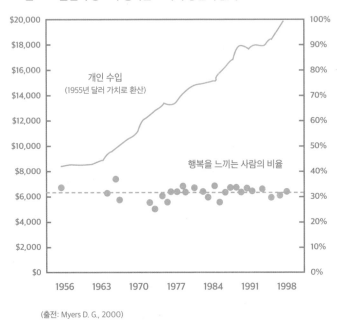

(출전: Myers D. G., 2000)

되지 않았다. '돈만 있으면 행복해질 거야'라는 생각은 유감스럽게도 환상에 불과하다. 개인의 행복은 돈으로 살 수 있는 것이 아니다. 행복은 마음자세에 달려 있는 것으로 스스로 행복하다고 생각하면 돈의 많고 적음에 상관없이 행복해질 수 있다.

그렇다면 우리 행복을 결정하는 요인은 무엇일까? 마이어스 박사에 따르면 '인간관계'라고 한다. 가족, 친구, 직장 동료 나아가 이웃과 좋은 관계를 유지하는 사람은 그것만으로도 '나는 행복하다'라는 의식이 높아진다. 돈보다는 인간관계가 행복에 더 큰 영향을 미치는 것이다.

또한 마이어스 박사는 종교를 가진 사람일수록 행복한 생활을 한다는 사실을 밝혀냈다. 한 달에 한 번 미만으로 교회에 나가는 사람 중에서 "행복하다"라고 대답한 사람은 28퍼센트였는 데 비해 일주일에 여러 번 교회에 나가는 사람은 47퍼센트가 "행복하다"라고 대답했던 것이다. 성실히 종교생활을 하는 사람일수록 더욱 행복감을 느끼는 셈이다. 가난하지만 주어진 것에 감사하고 그것마저도 이웃과 나눌 줄 아는 사람이 돈 많은 사람보다 더 행복한지도 모른다. 어쨌든 '돈만 있으면 행복하겠지'라는 생각은 과학적으로 전혀 근거가 없다는 사실만이라도 알아두기 바란다.

애매한 사실을 그럴듯하게 표현할 줄 알면 누구나 점술가가 될 수 있다?

캔자스 대학 찰스 스나이더 교수의 '바넘 효과' 연구

심리학에 '바넘 효과(Barnum Effect)'라는 것이 있다. 바넘 효과란 사람들이 보편적인 성격이나 심리적 특징을 자신만의 특성으로 여기는 심리적 경향을 말한다. 미국 캔자스 대학 찰스 스나이더 교수가 이 바넘 효과를 알아보기 위해 기존의 연구 결과를 조사했더니, 애매하게 말할수록 모든 사람에게 해당된다는 사실이 확인되었다. 즉, 누구에게나 해당될 법한 말을 해주면 상대는 마치 자신을 꿰뚫어 보는 점술가 같다며 감탄할 것이다.

내가 심리학자이기 때문인지 몰라도 사람들은 종종 나에게 "제 성격을 한번 알아맞혀 보세요"라고 말한다. 그러면 심리학과 점술가의 차이를 설명하는 것이 귀찮아 적당한 말로 얼버무리곤 한다. 그럼에도 대다수 사람은 깜짝 놀라는 표정으로 이렇게 말한다.

"와, 족집게처럼 맞히는군요. 처음 보는 사람을 어떻게 그토록 꿰뚫어 볼 수 있는 거죠?"

사실은 심리학 지식이나 법칙에 의존하지 않아도 누구나 점술가가 될 수 있다. 그 비결은 모두에게 해당될 법한 '애매한 사실'을 그럴 듯하게 말해주는 데 있다. 예를 들어 이런 말을 하면 사람들은 한 번도 만난 적 없는 사람이 자신을 신기하게 속속들이 본다고 생각한다.

"당신은 꽤 낯가림을 하는 편입니다."

"당신은 남을 잘 믿지 못하는 구석이 있군요."

"당신은 가끔 대담해질 때도 있지만 한편으로 소심해질 때도 있습니다."

"당신은 자기 세계에 틀어박혀 속내를 잘 드러내지 않지요?"

여러분도 "맞아, 바로 내 얘기야!" 하고 맞장구를 치고 있는가? 이 정도로 애매한 말은 누구에게나 해당된다. 처음 만난 사람 앞에서는 누구나 어느 정도 긴장하게 마련인데, 이때 "당신은 꽤 낯가림을 하는 편이죠?"라고 물으면 거의 다 그렇다고 대답한다. 다른 질문도 마찬가지다. 자신이 만나는 모든 사람을 신뢰하는 사람은 없으므로 "당신은 남을 잘 믿지 못하는 구석이 있네요"라는 말을 들으면 속으로 '그건 그래'라고 생각하게 된다.

애매한 사실을 그럴 듯하게 말하면 사람들은 '자신을 꿰뚫어 본다'라고 생각하는데, 심리학에서는 이런 현상을 '바넘 효과(Barnum Effect, 사람들의 보편적인 성격이나 심리적 특징을 자신만의 특성으로 여기는 심리적 경향)'라고 부른다. 미국 캔자스 대학 찰스 스나이더(Charles R. Snyder) 교수가 바넘 효과를 알아보기 위해 기존의 연구 결과를 조사했더니, 애매하면 애매하게 말할수록 모든 사람에게 해당된다는 사실이 확인되었다.

점술가로 가장하고 싶다면 "당신에게는 고민이 있군요"라고 말해 보라. 그러면 상대는 분명 깜짝 놀라며 "어, 어떻게 아셨어요?"라고 물어올 것이다. 이때 "나에게는 당신의 운명이 보입니다"라고 말하면서 그럴 듯한 이유를 둘러대면 뛰어난 점술가로 보이게 된다. 사실, 웬만한 낙천가가 아니면 고민이 전혀 없는 사람은 없다. 그럼에도 상대는 소스라치게 놀라 자신의 고민을 꿰뚫어 보고 있다고 생각하며 존경과 경외심이 가득 찬 눈길을 보낸다.

바넘 효과를 알고 있으면 웬만한 점술가 흉내 정도는 무난히 낼 수 있다. 무조건 누구에게나 해당될 법한 사실을 말해 주면 대부분 감탄하기 때문이다. 특히 이러한 테크닉은 처음 만난 상대방과 공통 화제가 없을 경우 이용하면 큰 효과를 볼 수 있다.

불황일수록 키 큰 여성이 인기가 있다는데, 왜 그럴까?

머시허스트 대학 테리 페티존 교수의
'사회 경제 상황에 따른 선호 여성의 얼굴 및
신체 특징 변화' 연구

미국 펜실베이니아주 머시허스트 대학 테리 페티존
교수는 이상적인 여성상 유행이 어쩌면 호황이나
불황의 흐름과 연관이 있을지도 모른다는 가설 아래
흥미로운 연구를 했다. 그는 1960년부터 2000년까지
≪플레이보이≫지에 발표된 '올해의 플레이메이트'에
선발된 여성모델의 특징과 당시의 경제 상황을
조사해보았다. 연구 결과는 어떻게 나왔을까? 다양한
연구 내용 중 모델의 키에 관해 살펴보면, 경제가
어려워질수록 남성이 선택하는 '플레이메이트'의 키가
커지는 경향이 있었다. 경제가 불황일 때 남성들이 왜
키 큰 여성을 선호하는지는 알 수 없지만, 잡지 광고에
등장하는 여성모델의 경향을 분석함으로써 경제
상황을 예측할 수 있지 않을까?

'이상적인 여성상'은 시대마다 뚜렷한 차이를 보인다. 화가 르누아르가 살던 시대에는 풍만한 여성이 인기가 있었기에 그가 그린 여성은 오늘날의 기준으로 볼 때 하나같이 지나치게 풍만하다. 날씬한 여성이 인기 있는 오늘날과 확연히 비교되는 것이다. 키에 있어서도 키 큰 여성을 좋아하던 시대가 있었는가 하면 반대로 아담한 키의 여성이 인기 있던 시대도 있었다. 또한 풍만한 가슴을 가진 여성을 좋아하는 시대도 있었고, 작은 가슴을 선호하는 시대도 있었다.

미국 펜실베이니아주 머시허스트 대학 테리 페티존(Terry F. Pettijohn II) 교수는 이상적인 여성상 유행이 어쩌면 호황이나 불황의 흐름과 연관이 있을지도 모른다는 가설 아래 흥미로운 연구를 했다. 그는 1960년부터 2000년까지 ≪플레이보이≫지에 발표된 '올해의 플레이메이트(Playmate of the year, 플레이메이트는 ≪플레이보이≫지를 대표하는 누드모델을 지칭)'에 선발된 여성모델의 특징과 당시의 경제 상황을 조사해보았다.

연구 결과는 어떻게 나왔을까? 다양한 연구 내용 중 키에 관해 살펴보면, 경제가 어려울수록 '키가 크고 덩치가 큰 여성'을 선호한다는 사실이 밝혀졌다. 경제가 어려워질수록 남

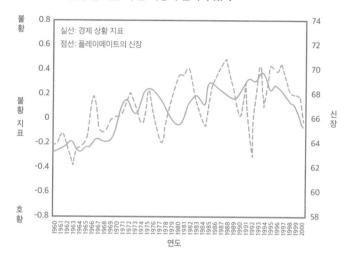

<그림 7-2> 불황일 때는 키 큰 여성이 인기가 있다

실선: 경제 상황 지표
점선: 플레이메이트의 신장

(출전: Pettijohn T. F. II & Jungeberg B., 2004)

성이 선택하는 '플레이메이트'의 키가 커지는 경향이 있었던 것이다〈그림 7-2〉. 유감스럽게도 경제가 불황일 때 남성이 왜 키 큰 여성을 선호하는지는 알 수가 없다. 하지만 키 큰 여성이 남성에게 인기를 얻기 시작하면 그것은 경제가 어려워질 징조라는 심리 예측이 가능하므로 이는 매우 흥미로운 연구 결과라고 할 수 있다.

페티존 교수는 경제가 어려울 때 남성이 선호하는 여성의 특징으로 '눈과 가슴이 작고 나이는 다소 많은 여성'이라는 결론을 내렸다. 반대로 경제가 호황일 때는 '눈과 가슴이 크고

젊은 여성'을 선호한다고 한다. 이러한 실험 결과를 참고로
한다면, 잡지 광고에 등장하는 여성모델을 유심히 관찰하는
것으로 경제 예측이 가능하다는 것이다.

우리는 왜
마감일이 코앞에 닥쳐야만
서두르기 시작할까?

매사추세츠 공과대학 댄 애리얼리 교수의
'마감시간과 성과' 연구

미국 매사추세츠 공과대학 댄 애리얼리 교수는 실험
참가자들에게 14주 이내에 모두 마쳐야 하는 과제를
내주고 몇 명이나 그것을 해결하는지 살펴봤다. 그
결과 처음 일주일부터 계획적으로 일을 시작한 사람은
불과 2.5퍼센트에 지나지 않은 것으로 나타났다.
나머지 97.5퍼센트의 사람들은 '2, 3주 정도는 그냥
내버려둬도 괜찮겠지'라고 가볍게 생각했다. 애리얼리
교수에 따르면 14주 이내에 작업을 끝내라고 지시하면
40퍼센트 이상의 사람들은 정해진 날짜의 하루 전날을
마감일로 설정해놓는다고 한다. 그리고 더 이른 시기에
일을 끝내려고 생각하는 사람은 거의 없다고 한다.
이는 마감 날짜까지의 시간을 충분히 사용하고 싶기
때문일까?

모두가 그런 것은 아니지만 일반적으로 사람은 게으르다. 따라서 재촉하거나 마감일이 코앞에 닥쳐야만 행동하는 경향이 강하다. '절박함'이라는 압력이 몸을 움직이게 하는 원동력인 것이다. 이것은 일에 있어서도 마찬가지다. 일밖에 모르는 일 중독자를 제외하고 대다수 사람은 마감 직전이 되어서야 행동을 시작한다. 작가나 만화가 중에는 편집자에게서 독촉을 받을 때까지는 일을 시작하지 않는다는 노련한 수완가도 있을 정도다.

미국 매사추세츠 공과대학 댄 애리얼리(Dan Ariely) 교수는 사람들의 이런 습성에 관심을 갖고 재미있는 실험을 해보았다. 실험 참가자들에게 14주 이내에 모두 마쳐야 하는 과제를 내주고 몇 명이나 그것을 해결하는지 살펴본 것이다.

그 결과 처음 일주일부터 계획적으로 일을 시작한 사람은 불과 2.5퍼센트에 지나지 않은 것으로 나타났다. 나머지 97.5퍼센트의 사람들은 '2, 3주 정도는 그냥 내버려둬도 괜찮겠지'라고 가볍게 생각했다.

애리얼리 교수에 따르면 14주 이내에 작업을 끝내라고 지시하면 40퍼센트 이상의 사람들은 정해진 날짜의 하루 전날

을 마감일로 설정해놓는다고 한다. 그리고 더 이른 시기, 예를 들면 12주째나 13주째에 일을 끝내려고 생각하는 사람은 거의 없다고 한다. 이는 마감 날짜까지의 시간을 충분히 사용하고 싶기 때문일까?

일을 할 때 대다수 사람은 마감 날짜가 다가올 때쯤이 되어서야 급하게 일을 마무리하려 한다. 하지만 그처럼 급히 처리하는 일이 질적으로 좋을 리 없다. 일의 질을 높이려면 나름대로 마감 날짜를 정해 놓고 가능한 한 빨리 일을 처리하는 것이 좋다. 처음에 좀 더 고생하고 나중에 여유를 부리는 편이 정신적으로도 훨씬 편하다. 본래 마감 날짜보다 앞서 일을 끝내겠다는 자세로 계획을 세워 일하면 일의 질도 높아질 뿐 아니라 정신적으로도 안정을 누릴 수 있는 것이다.

우리는 자신에게 보다 엄격해질 필요가 있다. '나는 마감일이 닥쳐서야 일이 손에 잡혀'라는 식으로 자신의 마음이 해이해지는 것을 허용하는 것은 바람직하지 않다. '마감 시간보다 훨씬 빨리 끝내버린다'는 엄격한 규칙을 만들어 지키도록 해야 한다. 사회는 자신에게 엄격하지 못한 사람의 안일한 자세를 눈감아 주지 않는다.

오전에는 개미가 되고
오후에는 베짱이가 돼라?

카롤린스카 연구소 토르비에른 오케르스테트 박사의
'수면 각성 유형의 반전' 연구

스웨덴 카롤린스카 연구소 토르비에른 오케르스테트
박사는 업무량을 조사하기 위해 철도 수리공 36명을
대상으로 하루 동안 체온과 아드레날린, 심리적인 기분
등이 어떻게 변화하는지 관찰했다. 그러자 일이 가장
순조롭게 진행되는 때는 오전 10시부터 정오까지의
시간대로 나타났다. 이 시간대가 되면 아드레날린
분비가 하루 중 최고치에 이르고 체온이 상승한다.
또한 주의력은 물론 집중력도 최대가 된다. 한마디로
말해 이때 일이 본궤도에 오르는 것이다.

대개 일은 오전 중에 처리하는 것이 훨씬 수월하다고 한다. 특히 정오가 다가오면 몸 상태가 절정에 다다르므로 가능한 한 일은 오전에 몰아서 하는 것이 좋다.

스웨덴 카롤린스카 연구소 토르비에른 오케르스테트(Torbjörn Åkerstedt) 박사는 업무량을 조사하기 위해 철도 수리공 36명을 대상으로 하루 동안 체온과 아드레날린, 심리적인 기분 등이 어떻게 변화하는지 관찰했다. 그러자 일이 가장 순조롭게 진행되는 때는 오전 10시부터 정오까지의 시간대로 나타났다. 이 시간대가 되면 아드레날린 분비가 하루 중 최고치에 이르고 체온이 상승한다. 또한 주의력은 물론 집중력도 최대치가 된다. 한마디로 말해 이때 일이 본궤도에 오르는 것이다.

오전 중에는 정오를 향해 가며 체온이 서서히 상승하기 때문에 일이 순조롭다. 따라서 오전 중에 그날 업무의 70퍼센트나 80퍼센트를 해결하려는 자세로 일하는 것이 좋다. 오후가 되면 피로가 누적되기 때문에 아무래도 집중력이 떨어진다. 또한 몸이 나른해져 귀찮은 일은 하고 싶지 않게 되므로 중요한 일은 오전에 처리하는 것이 바람직하다.

경마를 예로 들면 후반이 되어 막판 추월에 나서는 추입마(追入馬)가 아니라 전반부터 추격을 따돌리고 훨씬 앞질러 가버리는 도주마(逃走馬)가 된 기분으로 경주에 임하는 것이다. 전반에 죽을힘을 다해 일을 해두면 중간에 설령 힘이 빠지더라도 어떻게 해서든 결승선에 도달할 수 있다. '나중에 하면 되지' 혹은 '밤에 해야지'라고 뒤로 미루면 결국에는 아무것도 하지 못한 채 하루가 끝나버리고 만다. 특히 스스로 세운 계획은 적당히 처리하는 경향이 강하므로 일찌감치 해두는 것이 좋다.

신체적으로 활동하기 좋은 오전 시간을 효과적으로 활용하지 못하는 것은 참으로 아까운 일이다. 체온이 오르고 아드레날린이 분비되며 심리적인 기분도 순조로워 모든 것이 준비 상태인 그 시간대에 일을 해두는 것이 효율적이기 때문이다. 몸이 가벼우면 두뇌회전도 빨라지기 때문에 오후에 비해 오전이 두세 배 더 일이 순조롭다. 특히 여름에는 오전에 일하는 것이 더운 오후 시간대에 일하는 것보다 훨씬 쾌적하다. 또한 오전에 열심히 일하면 오후가 되어 약간 느슨해져도 주변 사람들에게 게으름을 피운다는 인상을 주지 않는다.

오후의 베짱이

구성원이 실패 원인을 어디에서 찾는가를 분석해보면 1년 후 주가를 예측할 수 있다?

캘리포니아 대학 어바인 피오나 리의 '조직의 속성으로부터 주가 예측' 연구

미국 캘리포니아 대학 어바인의 피오나 리는 미국 14개 기업에서 제출하는 연차보고서 24년 분량을 조사해 각 기업의 주가가 어떤 요인에 의해 예측되고 있는지 분석했다. 우선 그는 연차보고서에서 실적 악화의 원인을 '우리 회사 탓이다'라고 깨끗이 인정하는 보고서와 '달러의 가치가 하락하고 있기 때문이다'라고 변명하는 보고서에 점수를 매겨 나갔다. 또한 '직원들이 노력하면 현재의 어려운 상황을 반드시 타파할 수 있다'고 생각하면서 그 상황을 이겨낼 수 있다고 보는지, 아니면 '수년간 이어지고 있는 이 상황은 어찌할 도리가 없다'라는 식으로 포기하고 있는지를 기준으로도 분류했다. 그런 후 각 기업의 1년 후 주가 변동을 비교해보았다. 어떤 결과가 나왔을까?

자신은 아무런 책임도 지지 않으려는 타입은 늘 "그건 내 잘못이 아니에요. ○○ 씨 때문에 그런 거라니까요"라며 타인에게 책임을 전가한다. 그러나 이처럼 자신의 잘못을 알지 못하고 스스로 무언가를 고칠 필요를 느끼지 못하면 인간적인 성장을 전혀 이룰 수 없다. 마찬가지로 회사의 어려움을 자신의 노력 부족이 아니라 불황이나 경쟁사의 비열한 방법에서 그 원인을 찾으며 변명을 늘어놓는 회사는 결코 성장할 수 없다.

일이 잘 풀리지 않을 때, 그 원인이 자기 자신 혹은 자기 회사에 있음을 솔직히 인정하고 개선점을 찾아 나가는 것이 바람직한 자세다. 미국 캘리포니아 대학 어바인의 피오나 리(Fiona Lee)는 그러한 자세의 중요성을 날카롭게 지적했다.

"그 회사가 성장할지 퇴보할지는 회사 구성원의 변명을 조사해보면 알 수 있다."

리는 미국 14개 기업에서 제출하는 연차보고서 24년 분량을 조사해 각 기업의 주가가 어떤 요인에 의해 예측되고 있는지 분석했다. 우선 그는 연차보고서에서 실적 악화의 원인을 '우리 회사 탓이다'라고 깨끗이 인정하는 보고서와 '달러의 가치가 하락하고 있기 때문이다'라고 변명하는 보고서에 점수를 매겨 나갔다. 모든 책임이 자사에 있다는 것을 솔직하게 인정하면 9점, 책임을 다른 요인(정부 정책이나 외부 요인)에서 찾고 있다면 1점을 준 것이다.

또한 리는 '직원들이 노력하면 현재의 어려운 상황을 반드시 타파할 수 있다'고 생각하면서 그 상황을 이겨낼 수 있다고 보는지, 아니면 '수년간 이어지고 있는 이 상황은 어찌할 도리가 없다'라는 식으로 이겨낼 가능성이 없다고 보는지를 기준으로도 분류했다.

〈그림 7-3〉은 각각의 기업의 1년 후 주가 변동을 나타낸 그래프다. 그래프를 보면 '자사에 책임이 있다'고 솔직히 인정

<그림 7-3> 스스로 책임을 지고 적극적으로 해결하려는 회사가 성장한다

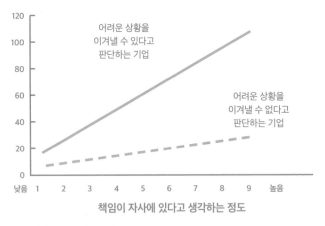

어려운 상황을 이겨낼 수 있다고 판단하는 기업

어려운 상황을 이겨낼 수 없다고 판단하는 기업

책임이 자사에 있다고 생각하는 정도

(출전: Lee F., et al., 2004)

하고 현 상황을 이겨낼 수 있다는 생각으로 포기하지 않는 기업일수록 1년 후 주가가 상승해 있음을 알 수 있다.

상황이 악화되었다고 해서 그 원인을 외부 요인에서 찾으려고 하면 언제까지나 성장할 수 없다. 이것은 개인은 물론 회사에도 해당되는 얘기다. 실적 악화나 사업 실패의 원인을 다른 데서 찾지 않고 스스로 초래한 것임을 인정한 후 적극적으로 대처하는 것이 성장의 열쇠라고 할 수 있다. 변명을 하며 소극적으로 대처하는 것은 결국 스스로에게 손해를 끼치는 행위일 뿐이다.

가벼운 잡담은
과연 따분한 일도
즐겁게 만들어줄까?

듀크 대학 도널드 로이 교수의
'직무 만족도와 편안한 소통의 관계' 연구

미국 듀크 대학 도널드 로이 교수는 실험 참가자들에게
2개월 동안 일요일만 빼고 일주일 내내 컨베이어
시스템 작업을 해달라는 가혹한 부탁을 했다. 그런데
그토록 따분하고 단순한 작업을 하면서도 무척 즐겁게
일하는 사람이 있다는 사실을 알게 되었다. 그 이유를
조사한 결과, 그들은 동료와 잡담을 즐긴다는 사실이
밝혀졌다. 반면, 혼자서 묵묵히 작업하는 사람은 일에
대한 만족도가 매우 낮았다. 일이 재미없어도 잡담
등으로 기분을 고조시키는 일은 얼마든지 가능하다.
로이 교수는 단조롭고 따분한 일을 하는 직장인도
동료와 잡담을 즐기며 분위기를 고조시키면 그만큼
직무 만족도가 높아진다고 말한다. 결국 인간관계에서
느끼는 즐거움이 중요하다는 이야기다.

아무리 작고 보잘것없는 일이라도 일하는 방법에 따라 얼마든지 멋진 것처럼 느껴질 수 있다. 그 비결은 바로 사람들과 즐겁게 잡담을 나누며 일하는 데 있다. 단조롭고 지루한 일도 함께 일하는 사람들과 한바탕 웃어가며 일을 하면 전혀 힘들지 않다. 일의 즐거움은 일 그 자체의 매력보다 일을 함께하는 동료들과의 가벼운 대화에 의해 결정되는 것이다. 결국 일을 재미있게 혹은 별 볼일 없게 만드는 것은 '사람과의 관계'라고 할 수 있다.

미국 듀크 대학 도널드 로이(Donald F. Roy) 교수는 실험 참가자들에게 2개월 동안 일요일만 빼고 일주일 내내 컨베이어 시스템 작업을 해달라는 가혹한 부탁을 했다. 그런데 그토록 따분하고 단순한 작업을 하면서도 무척 즐겁게 일하는 사람이 있다는 사실을 알게 되었다. 그 이유를 조사한 결과, 그들은 동료와 잡담을 즐긴다는 사실이 밝혀졌다. 반면, 혼자서 묵묵히 작업하는 사람은 일에 대한 만족도가 매우 낮았다.

일이 재미없어도 잡담 등으로 기분을 고조시키는 일은 얼마든지 가능하다. 로이 교수는 단조롭고 따분한 일을 하는 직장인도 동료와 잡담을 즐기며 분위기를 고조시키면 그만큼

어쨌든 웃자!
SMILE

직무 만족도가 높아진다고 말한다. 결국 인간관계에서 느끼는 즐거움이 중요하다는 얘기다. "요즘엔 일이 영 재미가 없어"라고 말하는 사람은 일이 시시해진 것이 아니라 인간관계가 냉랭해진 것인지도 모른다. 직장에서 사람들과의 관계가 삐걱대기 시작하면 당연히 일에 대한 흥미도 떨어진다.

인간관계를 소중히 여기는 사람은 어떤 일을 해도 즐겁게 할 수 있다. 이들은 자원봉사 활동이나 거리의 방범대원 혹은 자선바자회처럼 다소 귀찮아 보이는 일을 할지라도 다른 사람들과 가벼운 잡담을 나누면서 일을 즐긴다. 긍정적인 자세로 심각함을 몰아내고 한바탕 웃을 수 있는 이야기를 주고받는 사람은 어디서 무슨 일을 해도 사랑을 받으며 또한 스스로도 즐거워지는 것이다. 말없이 쓰레기를 주우면 재미가 없지만 "왜 이렇게 다들 심각하게 쓰레기를 줍고 있어?"라고 말하며 함께 한바탕 웃어버리면 쓰레기 줍는 일도 즐거운 일이 될 수 있다.

이름이 길수록
성공할 확률이 높다?

캘리포니아 대학 로스앤젤레스의 앨버트 메라비언 교수의
'이름 길이에서 유추되는 감정 및 성격 특성 연구'

미국 캘리포니아 대학 로스앤젤레스의 앨버트
메라비언 교수는 어떤 업종에 종사하든 이름이 길면
성공 가능성이 커진다는 주장에서 힌트를 얻어 '이름의
길이'를 조사해보았다. 그는 858명을 선별해 그들의
이름이 어떤 인상을 주는지 연구했다. 그 결과 남성은
'알렉산더(Alexander)', '케네스(Kenneth)' 등 상대적으로
이름이 긴 사람이 '오티스(Otis)'나 '윌버(Wilbur)'처럼
이름이 짧은 사람보다 성공할 확률이 높은
것으로 나타났다. 여성은 '엘리자베스(Elizabeth)',
'빅토리아(Victoria)' 같은 긴 이름이 '아이다(Aida)' 같이
짧은 이름보다 성공할 가능성이 컸다. 그렇다면 짧은
이름은 아무런 장점도 없는 것일까?

파블로 디에고 호세 프란시스코 데 파울라 후안 네포무세노 마리아 데 로스 레메디오스 시프리아노 데 라 산티시마 트리니다드 루이스 이 피카소(Pablo Diego José Francisco de Paula Juan Nepomuceno María de los Remedios Cipriano de la Santísima Trinidad Ruiz y Picasso). 이 엄청나게 긴 이름이 바로 유명한 화가 파블로 피카소의 본명이다. 이유야 어찌되었든 흥미롭게도 이름이 길면 성공 확률이 높다는 주장이 있다. 이것이 사실이라면 아이의 이름을 지을 때 유행이나 전통을 따르기보다는 가능한 한 긴 이름을 지어주는 것이 낫지 않을까?

미국 캘리포니아 대학 로스앤젤레스의 앨버트 메라비언 (Albert Mehrabian) 교수는 어떤 업종에 종사하든 이름이 길면 성공 가능성이 커진다는 주장에서 힌트를 얻어 '이름의 길이'를 조사해보았다. 그는 858명을 선별해 그들의 이름이 어떤 인상을 주는지 연구했다. 그 결과 남성은 '알렉산더 (Alexander)', '케네스(Kenneth)' 등 상대적으로 이름이 긴 사람이 '오티스(Otis)'나 '윌버(Wilbur)'처럼 이름이 짧은 사람보다 성공할 확률이 높은 것으로 나타났다. 여성은 '엘리자베스 (Elizabeth)', '빅토리아(Victoria)' 등의 긴 이름이 '아이다(Aida)' 같이 짧은 이름보다 성공할 가능성이 컸다.

한편, 메라비언 교수는 긴 이름이 더 '도덕적'이라는 인상을 심어준다는 사실도 밝혀냈다. 이름이 긴 사람은 왠지 성실하고 도덕적일 것이라는 인상을 준다는 얘기다.

그렇다면 이름이 짧은 사람에게는 아무런 장점이 없는 것일까? 메라비언 교수에 따르면 이름이 짧으면 부르기 쉽기 때문에 '친근감'을 느낄 수 있다고 한다. 더불어 인기 있고 명랑하며 따뜻한 이미지를 준다고 한다. 그러므로 자녀가 사람들로부터 인기 있는 사람이 되기를 원한다면 부르기 쉽도록 짧은 이름을 지어주는 것이 좋다.

이름이 주는 이미지는 생각보다 크다. 따라서 현재 어떤 어려움을 겪고 있다면 개명을 한번 고려해보는 것도 좋을 듯하다. 일상생활이나 비즈니스에서는 때로 아주 사소한 일도 큰 효과를 발휘한다.

욕망을 효과적으로 구조 조정하는 방법

사람들은
'앞에서 끌어주는 리더'보다
'뒤에서 밀어주는' 리더를
선호한다?

조지 메이슨 대학 스티븐 자카로 교수의
'여러 상황에서 리더의 유연성' 연구

미국 버지니아주 조지 메이슨 대학 스티븐 자카로
교수 연구팀은 리더에게 필요한 자질을 알아보기 위한
실험을 실시했다. 실험 참가자 세 명을 한 팀으로 해서
브레인스토밍과 게임(레고 블록으로 가능한 한 독창적인
자동차나 로봇을 만드는 게임)을 시킨 다음 그 진행 과정을
기록하며 어떤 유형이 리더가 되는지 조사한 것이다.
실험 결과 앞에서 팀원을 강하게 이끌어가는 유형보다
팀원 사이를 조정하며 유연성을 발휘하는 사람이
리더가 될 가능성이 크다는 사실을 확인했다. 자카로
교수는 조직 구성원의 뒤를 따라가며 그들이 정도에서
벗어나려 할 때 "그쪽이 아닙니다"라고 주의를 주는
조정력이야말로 리더에게 반드시 필요한 자질이라고
했다.

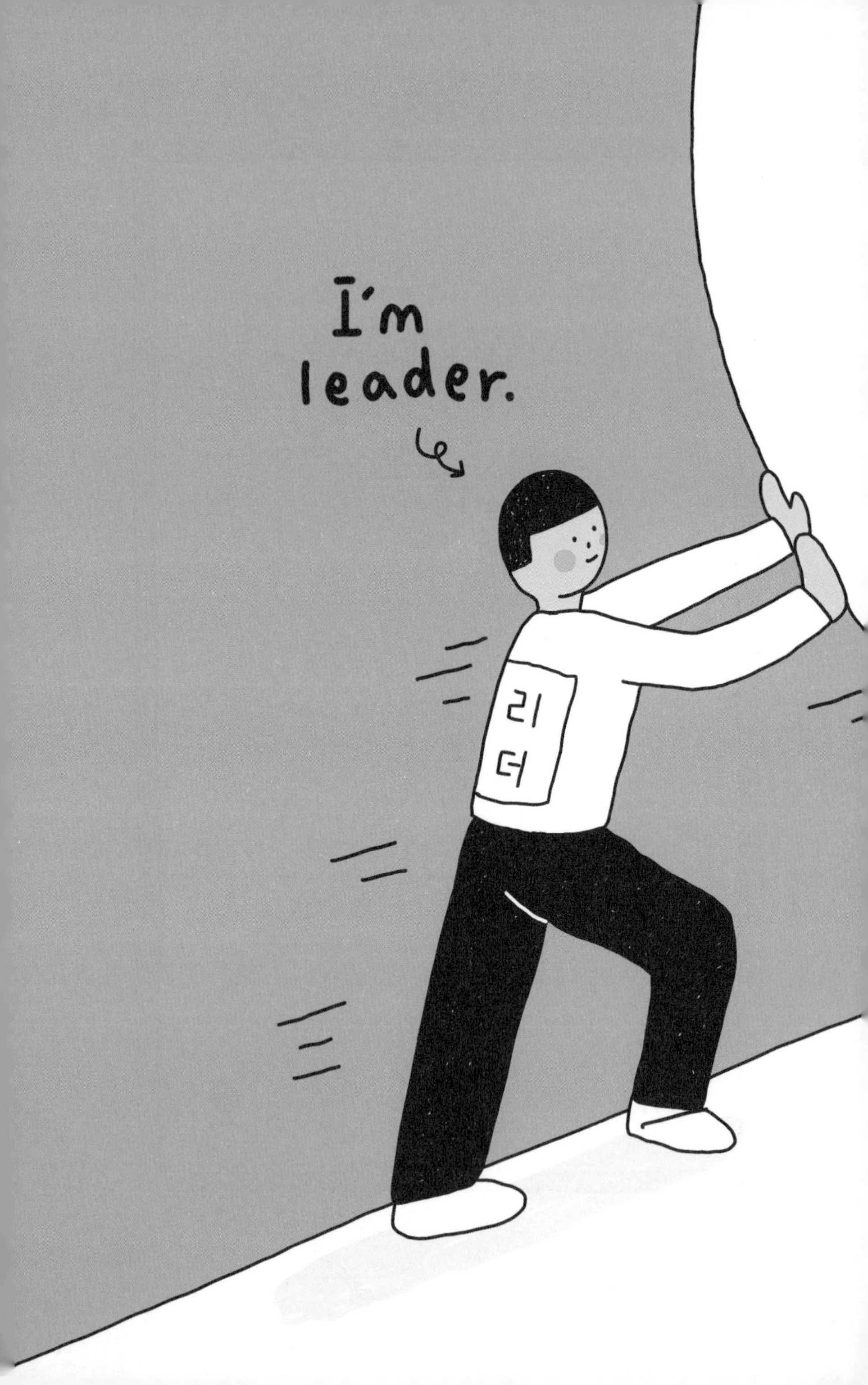
I'm
leader.
리
더

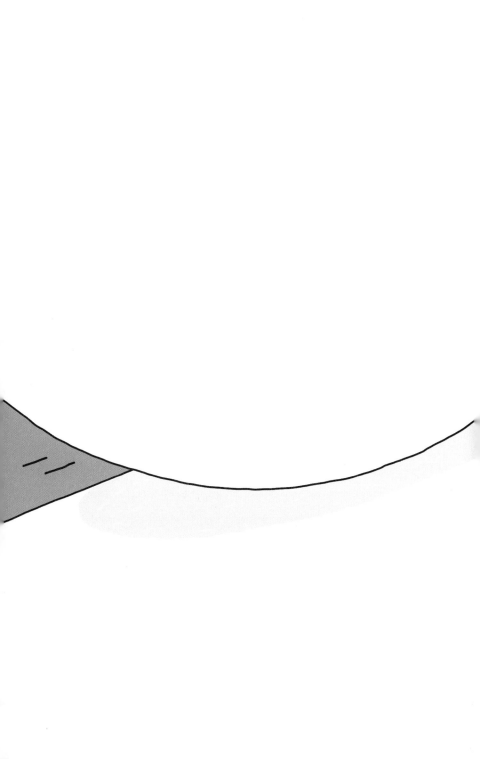

어느 조직이든 그 조직을 이끄는 리더가 있게 마련이다. 그리고 리더의 자질에 따라 조직이 나아가는 방향이 크게 달라질 수 있다. 사실 리더에게 요구되는 자질은 용기, 의지력, 비전, 대화 능력, 유연성, 지식, 인격, 공정성, 성실성, 신뢰성 등 수없이 많다. 어디에 초점을 맞추느냐에 따라 이 모든 것은 나름대로 필요한 자질이라고 할 수 있지만, 여기에서는 '조정력(調定力)'을 살펴보기로 하겠다.

리더는 선두에 서서 조직 구성원을 힘차게 이끌어가는 존재로 무엇보다 구성원간의 의사소통을 도와주어야 한다. 예를 들어 구성원간에 의사소통이 제대로 이루어지지 않아 분위기가 거북해지면 중간에 끼어들어 조정을 해야 한다. 이러한 조정력이야말로 리더의 본질 아닐까?

미국 버지니아주 조지 메이슨 대학 스티븐 자카로(Stephen J. Zaccaro) 교수 연구팀은 리더에게 필요한 자질을 알아보기 위한 실험을 실시했다. 실험 참가자 세 명을 한 팀으로 해서 브레인스토밍과 게임(레고 블록으로 가능한 한 독창적인 자동차나 로봇을 만드는 게임)을 시킨 다음 그 진행 과정을 기록하며 어떤 유형이 리더가 되는지 조사한 것이다.

실험 결과, 앞에서 팀원을 강하게 이끌어가는 유형보다 팀원 사이를 조정하며 유연성을 발휘하는 사람이 리더가 될 가능성이 크다는 사실을 확인했다. 선두에 서서 사람들을 이끌어가는 유형이 성공하는 경우도 물론 있다. 그러나 그런 리더는 다른 사람들에게 거만하게 비칠 수 있기 때문에 오히려 반감을 불러일으킬 우려 또한 있다.

리더라고 해서 반드시 선두에 서서 지휘해야 하는 것은 아니다. 자카로 교수는 조직 구성원의 뒤를 따라가며 그들이 정도에서 벗어나려 할 때 "그쪽이 아닙니다"라고 주의를 주는 조정력이야말로 리더에게 반드시 필요한 자질이라고 주장한다. 물론 조정력이 리더십의 전부는 아니지만 그것이 많은 리더에게 꼭 필요한 자질인 것만은 분명하다.

여러 사람이 모여
의견을 조정할 때는
'만장일치'란 원칙적으로
불가능하다?

뮌헨 루트비히 막시밀리안 대학 슈테판 슐츠하르트 교수의
'집단 의사결정에 있어서 편향적 정보 탐색' 연구

독일 뮌헨 루트비히 막스밀리안 대학 슈테판
슐츠하르트 교수는 사람들이 집단 의사결정을 해야 할
때 어떤 반응을 보이는지 알아보기 위해 한 화학회사를
상대로 실험을 했다. 그 회사에서는 개발도상국으로
공장을 이전할지 아니면 그냥 국내에서 계속 제품을
생산할지를 결정해야 하는 입장에 놓여 있었다.
슐츠하르트 교수는 다섯 명이 한 팀을 이루어 토론하게
하고 그 과정에서 준비된 자료를 얼마든지 사용해도
된다는 말을 여러 번 강조했다. 하지만 그들은
다수파의 의견을 지지하는 자료만 선택했고 반대
자료에는 눈길조차 주지 않았다. 이처럼 현실적으로
볼 때 사람이 많으면 반대 의견을 나타내는 정보는
무시하는 경향이 생겨 엉뚱한 결정을 내리기 쉽다.

언뜻 생각하기에, 혼자서 무언가를 결정하는 것보다 두세 사람이 의견을 모으면 훨씬 더 좋은 결정을 내릴 수 있을 것 같은 생각이 든다. "세 사람이 모이면 문수(文殊)보살의 지혜가 나온다"라는 속담도 그러한 의식에서 나온 것이다. 그러나 "사공이 많으면 배가 산으로 올라간다"라는 말처럼 사람이 많으면 의사결정을 할 때 오히려 엉뚱한 결정을 내리기 쉽다는 것 또한 일리가 있는 것 같다. 그렇다면 대체 어느 주장이 현실에 더 부합할까?

독일 뮌헨 루트비히 막시밀리안 대학 슈테판 슐츠하르트 (Stefan Schulz-Hardt) 교수에 따르면 현실적으로 볼 때 사람이 많으면 엉뚱한 결정을 내리기 쉽다고 한다. 집단 의사결정을 내릴 때 구성원의 생각을 지지하는 단편적인 정보에만 관심을 기울이고 반대 의견을 나타내는 정보는 무시하는 경향이 있기 때문이라는 것이다. 이러한 상태에서는 좋은 결정을 내리기가 어렵다.

우리는 자신에게 유리한 정보만 선택해 '이것을 보니 역시 내 생각이 정확하군' 식으로 결론을 내리기 쉽다. 슐츠하르트 교수는 이러한 경향이 집단 차원이 되어버리면 좀 더 극단적으로 흐르게 된다고 한다. 따라서 집단 의사결정을 내릴 때는 '만장일치의 함정'에 빠지지 않도록 주의해야 한다. 두세 사람 혹은 여러 사람이 모여 서로 의견을 조정할 때는 상식적으로 만장일치가 불가능하다. 사람들의 의견이 제각각이기 때문이다. 그럼에도 만장일치를 목표로 한다면 자칫 반대 의견이 있는 사람에게 압력을 가해 만장일치가 되도록 유도하게 될 수 있다. 그렇게 되면 더 이상 올바른 판단은 내릴 수 없다.

집단으로 의사결정을 할 때는 진심으로 반대 의견을 받아들일 수 있을 만큼 포용력이 있어야 한다. 누군가가 조금이라도 반대 의견을 내놓으려 하면 즉시 몸짓으로 가만히 있으라는 압력을 넣는 사람이 있는데, 그런 식이라면 차라리 개개인이 판단을 하도록 만드는 것이 훨씬 바람직하다.

슐츠하르트 교수는 사람들이 집단 의사결정을 해야 할 때 어떤 반응을 보이는지 알아보기 위해 한 화학회사를 상대로 실험을 했다. 그 회사에서는 개발도상국으로 공장을 이전할지 아니면 그냥 국내에서 계속 제품을 생산할지를 결정해야 하는 입장에 놓여 있었다. 슐츠하르트 교수는 다섯 명이 한 팀을 이루어 토론하게 하고 그 과정에서 준비된 자료를 얼마든지 사용해도 된다는 말을 여러 번 강조했다. 하지만 그들은 다수파의 의견을 지지하는 자료만 선택했고 반대 자료에는 눈길조차 주지 않았다.

결국 인원이 많으면 그만큼 좋은 해결 방법도 빨리 떠오를 것이라는 생각은 섣부른 판단이라고 할 수 있다. 혼자서 판단하는 것보다 집단이나 조직으로 판단하는 것이 훨씬 더 어려운 일이다.

사표를 던지기 전에
반드시 생각해봐야 할
일곱 가지 체크리스트는?

**메릴랜드 대학 칼리지 파크 J. 로버트 바움 박사의
'회사의 모험적 성장을 위한 기업가의 비전과
비전 커뮤니케이션의 관계'에 대한 종적 연구**

미국 메릴랜드 대학 칼리지 파크 J. 로버트 바움
박사는 기업가 및 CEO 183명과의 인터뷰를 통해
그들 회사의 이익과 판매량 등을 조사했다. 그 결과,
사업가로서 성공할 수 있는 일곱 가지 자질을 갖춘
기업가일수록 성공 확률이 높다는 사실을 알게 되었다.
나아가 기업가의 진취적인 비전 그 자체보다도 비전을
직원에게 잘 전달할 줄 아는 비전 커뮤니케이션
능력을 갖추는 게 두 배 가까이 더 중요하다는 사실을
확인했다.

"이 따위 회사 그만두면 되지 뭐!"

"이번 기회에 독립해서 대박을 터트릴 테니 두고 봐!"

회사에서 좋지 않은 일을 당하면 쓰린 속에 술을 들이부으며 이렇게 큰소리치곤 한다. 그런 호기를 보면 당장이라도 회사를 뛰쳐나올 것 같지만 사실 대부분은 회사를 그만두지 않는다. 아무런 대책도, 희망도 없으면서 무작정 사표를 던져버리면 당장 수입이 끊겨 가족을 부양할 수 없기 때문이다. 또한 자신에게 사업가로서의 자질이 있는지 정확히 알지 못하는 상태에서 선뜻 사표를 내기는 어려운 일이다.

자신에게 사업가로서의 자질이 있는지 알아보려면 어떻게 해야 할까? 지금부터 사업가로 성공하기 위해 필요한 일곱 가지 특성을 살펴보도록 하겠다. 만약 독립하고 싶다면 여기서 소개하는 특성을 잘 살펴본 후에 판단하기 바란다. 사업가 자질이 부족한 사람이 회사를 그만두고 사업체를 꾸리면 개인적으로 엄청난 불행이 닥칠 수도 있기 때문이다. 하지만 여기에서 소개하는 일곱 가지 특성이 있다면 회사를 그만두어도 큰 탈은 없을 것이다.

사업가로서의 성공을 약속하는 일곱 가지 특성은 다음과

같다.

- 사물을 단순하게 생각할 수 있다
- 사물을 명확하게 생각할 수 있다
- 사물을 요약해서 생각할 수 있다
- 도전하는 마음자세가 있다
- 미래 지향적이다
- 행동에 일관성이 있다
- 누구에게도 지지 않을 열정이 있다

이러한 특성을 갖추었다면 분명 사업가로서 나무랄 데 없는 수준까지 도달할 것이다.

미국 메릴랜드 대학 칼리지 파크 J. 로버트 바움(J. Robert Baum) 박사는 기업가 및 CEO 183명과의 인터뷰를 통해 그들 회사의 이익과 판매량 등을 조사했다. 그 결과, 앞에서 소개한 일곱 가지 특성을 지닌 기업가일수록 성공 확률이 높다는 사실을 알게 되었다.

물론 이 일곱 가지 특성을 모두 갖추고 있을 필요는 없다. 그러나 한두 가지 정도밖에 갖추고 있지 않다면 독립하는 것보다는 샐러리맨 생활을 계속하는 것이 좋을지도 모른다. 절대로 성공할 수 없다고 단언할 수는 없지만 성공할 가능성이 상대적으로 적기 때문이다.

한편 최근에는 기업가의 '비전'이 과장된 평가를 받고 있는데, 바움 박사의 연구 결과 '비전' 그 자체보다는 비전을 직원에게 잘 전달할 줄 아는 '비전 커뮤니케이션'이 두 배 가까이 중요하다는 사실이 확인되었다. '나는 이런 식으로 회사를 성장시켜 나가겠다'고 비전을 제시하는 것에 그치지 않고 그것을 직원에게 잘 전달하는 것이 더욱 중요하다는 사실을 기억하기 바란다.

심리
실험

59

장남과 막내는 선호하는 직업이 다르다는데, 정말 그럴까?

스탠퍼드 대학 니컬러스 헤레라 박사의
'출생 순서에 대한 믿음과 현실에서의 반영' 연구

미국 스탠퍼드 대학 니컬러스 헤레라 박사는 태어난
순서에 따라 직업 선택에도 차이가 있는지 살펴보고자
폴란드 바르샤바 대학 연구자들과 팀을 이루어 수많은
사람을 대상으로 태어난 순서와 직업 선택에 어떤
연관이 있는지 조사했다. 그 결과, 태어난 순서가
빠를수록 의사, 변호사, 학자 등 지적 권위가 높은
직업을 선택할 확률이 높은 것으로 나타났다. 또한
태어난 순서뿐 아니라 대가족일수록 지적 권위가 높은
직업을 가진 사람이 많았다고 한다. 그렇다면 막내는
어떤 직업을 선택할 확률이 높았을까?

일반적으로 장남, 장녀는 믿음직스럽고 든든하지만, 막내는 자기중심적이고 어리광을 부린다는 인식이 있다. 그 때문인지 우리는 종종 "○○ 씨는 장녀라 그런지 살림꾼처럼 일처리가 꼼꼼해"라거나 "○○ 씨는 막내라더니 역시 뭐든 남한테 의지하려고만 해"라는 식의 얘기를 하곤 한다.

이것을 선입견으로만 바라볼 수 없는 것은 사실 형제간에 태어난 순서에 따라 커다란 성격 차이를 보이기 때문이다. 그 원인은 부모의 교육 방식에 있다. 처음에 태어난 자녀, 즉 첫 아이를 키울 때는 어떤 부모든 열성적으로 아이를 키운다. 부모가 사사건건 잔소리를 하면서 키우기 때문에 자녀 역시 꼼꼼하고 성실하며 고지식한 성격이 몸에 배게 된다. 그러나 둘째나 셋째는 부모의 마음이 처음보다 느슨해지기 때문에 자유방임적으로 키우게 된다. 이에 따라 아이들은 솔직하고 활발한 성격으로 자라난다.

이처럼 태어난 순서에 따라 성격에 차이가 있다면 그들의 직업 선택에도 어떤 차이가 있지 않을까?

미국 스탠퍼드 대학 니컬러스 헤레라(Nicholas C. Herrera) 박사는 실제로 이러한 궁금증을 풀어내고자 폴란드 바르샤바 대학 연구자들과 팀을 이루어 수많은 사람을 대상으로 태어난 순서와 직업 선택에 어떤 연관이 있는지 조사했다.

그 결과, 태어난 순서가 빠를수록 지적 권위가 높은 직업을 선택할 확률이 높은 것으로 나타났다〈그림 8-1〉. 지적 권위가 높은 직업으로는 의사, 변호사, 우주비행사, 학자 등을 들 수 있는데, 장남·장녀일수록 이런 직업을 선택할 확률이 높았던 것이다. 하긴 성격이 착실하고 꼼꼼한 첫째에게는 그러한 직업이 적합할지도 모르겠다.

또한 헤레라 박사는 태어난 순서가 빠를수록 머리가 좋다는 사실도 밝혀냈다. 실제로 첫째의 경우는 학력이 높고 교육을 받은 기간도 길었다. 첫째일수록 지적 권위가 높은 직업을 많이 선택하는 것은 그런 사실과도 연관이 있는 것이 아닐까? 특히 태어난 순서뿐 아니라 대가족일수록 지적 권위가 높은 직업을 가진 사람이 많았다는 것도 헤레라 박사가 알아낸 흥미로운 사실이다.

그렇다면 막내의 경우는 어떨까? 헤레라 박사의 연구 결과에 따르면 막내는 창의력 있는 직업을 선택하는 경향이 강하다고 한다. 뮤지션, 사진가, 예술가 등 창의력이 필요한 직업을 선택한 사람 중에는 막내가 많다는 이야기다. 막내는 자유방임적으로 성장했을 가능성이 크기 때문에 창의력이 뛰어난 것일까?

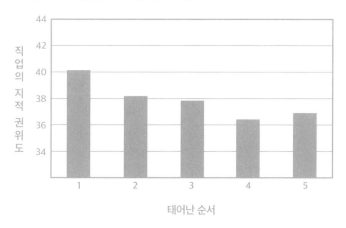

<그림 8-1> 태어난 순서와 직업의 지적 권위

직업의 지적 권위도 (y축): 34, 36, 38, 40, 42, 44

태어난 순서 (x축): 1, 2, 3, 4, 5

(출전: Herrera N. C., et al., 2003)

　물론 이러한 연구 결과는 어디까지나 일반적인 경향을 보
여주는 것이다. 막내는 지적 권위가 높은 직업을 선택할 수
없다거나 장남은 뮤지션이 될 수 없다는 얘기는 아니다. 과거
와 달리 자유롭게 직업을 선택할 수 있는 오늘날에는 본인의
의지와 노력만 있으면 어떤 직업이든 선택할 수 있다.

심리
실험

60

여성은 '출세 계단'을 통해 올라가고 남성은 '출세 에스컬레이터'를 통해 올라간다?

텍사스 대학 크리스틴 윌리엄스 교수의 '여성적인 직업에 숨겨진 남성 우대' 연구

미국 텍사스 대학 크리스틴 윌리엄스 교수는 보통 '여성적인 직업'으로 인식되는 간호사, 초등학교 교사, 도서관 직원으로 일하는 남녀직원 99명을 인터뷰하여 현실적인 문제를 알아보았다. 그 결과, 여성이 남성적인 직업에 취직하면 온갖 장애에 부딪혀 출세하지 못하는(글라스 실링) 데 비해, 남성은 여성적인 직업에 취직하더라도 출세는 물론 척척 승진할 수 있다는 사실을 알게 되었다(글라스 에스컬레이터). 현실적으로 남성은 분명 우대를 받고 있는 것이다.

양성평등 의식으로 고용의 기회가 평등해졌다는 말을 하기는 하지만 실제로 여성은 취업이나 승진에서 여전히 더 큰 어려움을 겪고 있다. 똑같은 능력을 보여도 여성은 승진에서 제약을 받기 일쑤이며 승진을 할지라도 중간관리직에서 멈추는 경우가 많다. 정상 위치까지 오르는 일은 하늘의 별 따기처럼 어렵고 그것을 꿈꾸는 순간부터 보이지 않는 벽에 부딪혀버린다. 이처럼 여성 앞에 가로 놓인 보이지 않는 벽을 '글라스 실링(Glass Ceiling, 유리 천장)'이라고 한다.

반면, 남성은 상대적으로 좀 더 우대받고 있으며 출세 계단을 빠르게 오른다. 계단은커녕 마치 에스컬레이터에 타고 있는 것처럼 별다른 노력을 기울이지 않아도 저절로 위로 올라가기도 한다. 이를 두고 여성의 '글라스 실링'에 대비되는 말로 '글라스 에스컬레이터(Glass Escalator, 보이지 않는 남성 우대)'라고 한다.

미국 텍사스 대학 크리스틴 윌리엄스(Christine L. Williams) 교수는 보통 '여성적인 직업'으로 인식되는 간호사, 초등학교 교사, 도서관 직원으로 일하는 남녀직원 99명을 인터뷰하여 현실적인 문제를 알아보았다. 그 결과, 여성이 남성적인 직업에

〈출세의 계단 우〉

< 출세의 에스컬레이터 ♂ >

슈우웅~

취직하면 온갖 장애에 부딪혀 출세하지 못하는(글라스 실링) 데 비해, 남성은 여성적인 직업에 취직하더라도 출세는 물론 척 척 승진할 수 있다는 사실을 알게 되었다(글라스 에스컬레이터). 현실적으로 남성은 분명 우대를 받고 있었던 것이다.

실제로 초등학교에는 여성 교사가 많지만 정작 교장이나 주임 중에는 남성이 많다. 도서관 직원도 일반 직원은 여성이 훨씬 많은 데 비해 도서관 관장은 남성아 더 많다. 이로써 여성적인 직업에서도 여성보다 남성이 훨씬 더 빨리 출세한다는 것을 알 수 있다.

조직 생활에서 능력과 상관없이 단지 여성이라는 이유로 차별을 받고 남성이라는 이유로 우대를 받는 것은 시대를 역행하는 처사다. 특히 오늘날처럼 지식정보화 사회에서는 진정한 실력으로 승부할 수 있는 분위기를 연출하지 못하면 그 회사는 도태될 수밖에 없다.

구조 조정 1순위는 업무 능력이 떨어지는 사람이 아니라 인간관계 능력이 떨어지는 사람이다?

멜버른 대학 로더릭 아이버슨 박사의
'기업 축소와 합병 상황에서 자발적 이직과
정리해고 결정 요인' 분석

호주 멜버른 대학 로더릭 아이버슨 박사는 "정리해고를
당하기 쉬운 타입은 바로 '미움 받는 사람'이다"라고
주저 없이 지적한다. 조직은 업무 능력이 아니라
인간관계의 좋고 나쁨에 따라 정리해고 대상을
결정한다는 것이다. 실제로 아이버슨 박사는 기업의
흡수 합병에 의해 정리해고 되는 직원의 성향을
분석해보았다. 그 결과, 상사에게 신임 받는 사람이나
동료에게 인기가 있는 사람일수록 정리해고를 당할
가능성이 적다는 것을 알게 되었다. 상사나 동료에게
인기 있는 사람은 회사 입장에서도 놓치기 아까운
것이다.

조직 안에서 안정된 지위를 확보하고 싶다면 '원만한 인간관계'를 가장 큰 목표로 삼는 것이 좋다. 특히 최근에는 정리해고나 인원감축이라는 칼날이 번뜩이면서 언제 해고당할지 모르는 불안정한 상황이 이어지고 있다. 그러므로 업무 관련 기술을 향상시키거나 실력을 갖추기 위해 자격증을 따는 것도 좋지만 어느 날 갑자기 정리해고를 당하고 싶지 않다면 다른 사람들에게 미움 받지 않는 것을 제1의 행동 원칙으로 삼는 것이 좋다.

주변을 둘러보면 일은 열심히 하는 것 같은데 능률은 별로 오르지 않거나 일처리에 미숙한 사람이 있게 마련이다. 일의 결과를 놓고 보자면 그런 사람이 가장 먼저 정리해고 대상이 될 것 같지만 꼭 그렇지만은 않다. 예를 들어 마치 나사가 빠진 듯 일처리에 꼼꼼하지 못할지라도 늘 생글생글 웃는 얼굴로 누구에게나 싹싹하게 인사하는 사람이라면 절대로 회사로부터 버림받지 않는다.

반면 아는 것이 많고 일처리 능력이 뛰어날지라도 주변 사람들과 화합하지 못하고 분위기를 냉랭하게 만드는 사람은 의외로 권고사직을 당하기가 쉽다. 결국 정리해고를 예방하는 최선의 방법은 상사나 동료들에게 사랑받는 것이다. 일에 대한 기술보다 사람들과 원만하게 지내는 방법을 터득하는 것이 훨씬 더 안심하고 일을 지속적으로 할 수 있는 조건인 셈이다.

호주 멜버른 대학 로더릭 아이버슨(Roderick D. Iverson) 박사는 "정리해고를 당하기 쉬운 타입은 바로 '미움 받는 사람'이다"라고 주저 없이 지적한다. 조직은 업무 능력이 아니라 인간관계의 좋고 나쁨에 따라 정리해고 대상을 결정한다는 것이다. 실제로 아이버슨 박사는 기업의 흡수 합병에 의해 정리해고 되는 직원의 성향을 분석해보았다. 그 결과, 상사에게 신임 받는 사람이나 동료에게 인기가 있는 사람일수록 정리해고를 당할 가능성이 적다는 것을 알게 되었다. 상사나 동료에게 인기 있는 사람은 회사 입장에서도 놓치기 아까운 인재일 가능성이 높은 것이다.

아무리 일을 잘해도 그것만으로는 자신의 안정을 지킬 수 없다. 실력이 있어도 주변 사람들이 싫어한다면 애물단지 취급을 받을 수도 있다. 인간적인 매력이 없는 사람, 남의 험담을 일삼는 사람, 패기 없는 목소리로 소곤소곤 말하는 사람, 사내 행사에 적극적으로 참여하지 않는 사람 등 인간관계에 소극적인 사람은 정리해고를 당할 가능성이 크다는 사실을 기억해야 한다.

미국 하버드 대학 직업지도부에서 해고자 수천 명을 조사한 결과를 봐도 인간관계가 좋지 않아 해고된 사람이 직무상의 책임 때문에 해고된 사람의 두 배에 달했다. 회사의 경영 상태가 악화되면 인간관계가 원활하지 못한 사람이 가장 먼저 해고 대상이 된다는 이야기다.

어떤 조직에서든 가장 우선시하는 것은 인간관계다. 그러므로 계속 직장생활을 하고 싶다면 '일만 잘하면 됐지 귀찮은 인간관계 따위는 신경 쓰기 싫어'라는 생각은 당장 버려야 할 것이다.

합병 당한 회사 직원들의 충성도가 20퍼센트나 감소하는 이유는?

퀸즐랜드 대학 데버라 테리 교수의 '조직 합병에 있어 직원의 적응도' 연구

호주 퀸즐랜드 대학 데버라 테리 교수는 최근에 합병된 항공회사 직원을 상대로 인터뷰를 실시해 합병 후의 심리 상태를 조사했다. 25세부터 60세까지 총 465명을 대상으로 이루어진 이 조사에서 합병을 반기는 사람은 합병한 회사의 직원뿐이라는 사실이 밝혀졌다. 즉, 합병당한 회사의 직원은 새로 합병된 회사에 충성심을 보이지 않는 것으로 나타났다. 합병 후 회사를 향한 이들의 충성도는 20퍼센트 이상 감소했던 것이다. 또 합병당한 회사의 직원은 직무 만족도가 떨어지는 것으로 조사되었다. 인수 합병으로 단번에 회사 규모를 키울 수 있다는 장점이 있는 반면 직원의 심리 안정과 사기 진작을 저해하는 단점도 있음을 고려해야 할 것이다.

두 개 이상의 조직이 흡수 합병되면 각각 다른 분위기에서 일해온 직원들은 심리적으로 어떤 영향을 받을까? 회사 분위기나 규칙이 전혀 다른 조직이 합쳐졌으니 분명 어색하고 뒤숭숭한 분위기에서 직원들은 심리적으로 동요할 것이다.

호주 퀸즐랜드 대학 데버라 테리(Deborah J. Terry) 교수는 최근에 합병된 항공회사 직원을 상대로 인터뷰를 실시해 합병 후의 심리 상태를 조사했다. 25세부터 60세까지 총 465명을 대상으로 이루어진 이 조사에서 합병을 반기는 사람은 합병한 회사의 직원뿐이라는 사실이 밝혀졌다. 즉, 합병당한 회사의 직원은 새로 합병된 회사에 충성심을 보이지 않는 것으로 나타났다. 합병 후 회사를 향한 이들의 충성도는 20퍼센트 이상 감소했던 것이다.

회사가 합병할지라도 본래 파벌이나 인간관계까지 동등해지는 것은 아니다. 합병한 회사의 직원은 합병당한 회사의 직원을 공공연히 무시하고 차별한다. 그것은 직원의 사기에 영향을 미치게 마련인데, 실제로 합병당한 회사의 직원은 직무 만족도가 떨어지는 것으로 나타났다. 아무리 위에서 차별하지 말라고 지시를 내려도 실무선에서는 별 효과가 없는 모양이다. 이처럼 인수 합병으로 조직을 크게 키워 나가는 것은 단번에 회사 규모를 키울 수 있다는 장점이 있는 반면 직원의 심리에는 좋지 않은 영향을 미치는 것 같다. 특히 지분 차이가 큰 회사와의 합병은 합병당한 직원의 사기를 꺾는 결과를 초래한다. 설사 외형적으로는 합병이 원활하게 이루어졌을지라도 직원의 심리까지 통합시키는 것은 매우 어려운 일이다.

후기

심리학만큼 스릴 있고 매력적인 학문도 드물다. 내가 그렇게 생각하는 가장 큰 이유는 무엇보다 심리학이 포용하는 대상이 무척 넓기 때문이다. 이 책을 읽으면서 이미 깨달았겠지만 심리학은 경제 현상에서부터 연애, 교육, 건강, 학습 등 상당히 다양한 영역에서 연구가 이루어지고 있다. 특히 싫증을 잘 내는 유형인 나는 이러한 사실이 얼마나 고마운지 모른다. 어떤 심리학 논문을 읽다가 지겨워지면 곧바로 다른 영역의 심리학 분야로 옮겨가면 되기 때문이다.

이 책에서는 내가 특별히 관심이 있는 심리학 영역의 연구 결과를 소개했는데, 사실은 동물심리학이나 의료심리학, 발달심리학, 범죄심리학, 텔레파시 및 초능력을 다루는 초심리학(Parapsychology) 등 좀 더 다양한 영역의 연구까지도 소개하고 싶었다. 하지만 지면 관계상 그러한 분야까지 다룰 수 없었던 것이 아쉬움으로 남는다.

심리학의 두 번째 매력은 실증성(實證性)에 있다. 심리학자는 철학자나 사상가와 달리 머릿속에서만 이론을 만들어내지 않는다. 어떤 의문이 생기거나 흥미로운 것이 떠오르면 사실을 알아보기 위해 실험을 한다. 머릿속으로 생각하는 것만으로는 사실을 알 수 없으므로 실험을 통해 명확하게 밝혀내는 것이다. 나는 그러한 자세가 마음에 든다. 그런 의미에서 대학원 시절 은사님이 "말로만 하지 말고 실험을 해서 데이터로 말하라"라고 귀가 따갑도록 반복하신 말씀을 감사히 여기고 있다. 모르는 것은 실험을 통해 밝히는 것이 가장 좋은 방법이다.

심리학의 세 번째 매력은 일상생활과 거리가 먼 학문이 아니라는 점이다. 심리학은 '남자가 여자보다 바람기가 더 많다'거나 '부모의 기대로 아이들은 천재가 될 수 있다' 같이 누구나 쉽게 이해할 수 있는 것을 다룬다. 이처럼 심리학 지식은 대부분 우리 일상생활과 밀접한 관계가 있다. 그 이유는 심리학의 궁극적 대상이 바로 '인간'이며 그 어떤 물체나 현상이 아니기 때문이다. 한마디로 심리학은 학문을 위한 학문이 아니라 인간을 위한 학문인 것이다.

또한 심리학은 현실에 도움이 되는 지식을 제공한다. 따라서 심리학 지식을 알면 인생의 여러 가지 상황에서 지혜롭게 대처할 수 있는 요령을 터득하게 된다. 이것이 바로 심리학의 강점이다.

그동안 심리학을 어려운 학문이라고 생각해왔다면 이제 그러한 편견을 버리기 바란다. 이 책에서 보여주듯 심리학은 이해하기 쉽고 또한 흥미로운 분야다. 이 책을 읽고 많은 사람이 심리학이라는 학문에 흥미를 느끼게 된다면 나로서는 더없는 기쁨이 될 것 같다.

끝까지 함께해준 모든 분들께 감사의 말씀을 전한다.

나이토 요시히토

Aarts H. & Dijksterhuis A., 2003 The silence of the library: Environment, situational norm, and social behavior. *Journal of Personality and Social Psychology*, 84, 18-24.

Akerstedt T., 1977 Inversion of the sleep wakefulness pattern: Effects on circadian variations in psychophysiological activation. *Ergonomics*, 20, 459-474.

Ariely D. & Wertenbrock K., 2002 Procrastination, deadlines, and performance: Self-control by precommitment. *Psychological Science*, 13, 219-224.

Baron R. A. & Thomley J., 1994 A whiff of reality: Positive affect as a potential mediator of the effects of pleasant fragrances on task performance and helping. *Environment and Behavior*, 26, 766-784.

Baum J. R., Locke E. A. & Kirkpatrick S. A., 1998 A longitudinal study of the relation of vision and vision communication to venture growth in entrepreneurial firms. *Journal of Applied Psychology*, 83, 43-54.

Baumeister R. F., Twenge J. M. & Nuss C. K., 2002 Effects of social exclusion on cognitive processes: Anticipated aloneness reduces intelligent thought. *Journal of Personality and Social Psychology*, 83, 817-827.

Berzonsky M. D. & Kuk L. S., 2005 Identity style, psychosocial maturity, and academic performance. *Personality and Individual Differences*, 39, 235-247.

Bodenhausen G. V., 1990 Stereotypes as judgmental heuristics: Evidence of circadian variations in discrimination. *Psychological Science*, 1, 319-322.

Brickman P., Coates D. & Janoff-Bulman R., 1978 Lottery winners and accident victims: Is happiness relative? *Journal of Personality and Social Psychology*, 36, 917-927.

Bushman B. J. & Baumeister R. F., 1998 Threatened egotism, narcissism, self-esteem, and direct and displaced aggression: Does self-love or self-hate lead to violence? *Journal of Personality and Social Psychology*, 75, 219-229.

Cellar D. F., Nelson Z. C. & Yorke C. M., 2000 The fine-factor model and driving behavior: Personality and involvement in vehicular accidents. *Psychological Reports*, 86, 454-456.

Clark R. D., 1990 The impact of AIDS on gender differences in willingness to engage in casual sex. *Journal of Applied Social Psychology*, 20, 771-782.

DeBono K. G., Leavitt A. & Backus J., 2003 Product packaging and product evaluation: An individual difference approach. *Journal of Personality and Social Psychology*, 33, 513-521.

Dijksterhuis A. & Knippenberg A. V., 1998 The relation between perception and behavior, or how to win a game of trivial pursuit. *Journal of Personality and Social Psychology*, 74, 865-877.

Dunne M. P., Martin N. G., Statham D. J., Slutske W. S., Dividdie S. H., Bucholz K. K., Madden P. A. E. & Heath A. C., 1997 Genetic and environmental contributions to variance in age at first sexual intercourse. *Psychological Science*, 8, 211-216.

Easton R. D. & Shor R. E., 1975 Information processing analysis of the Chevreul pendulum illusion. *Journal of Experimental Psychology: Human perception and performance*, 1, 231-236.

Ebling R. & Levenson R. W., 2003 Who are the martial experts? *Journal of Marriage and Family*, 65, 130-142.

Edwards K. & Bryan T. S., 1997 Judgmental biases produced by instructions to disregard: The (paradoxical) case of emotional information. *Personality and Social Psychology Bulletin*, 23, 849-864.

Emmons R. A. & McCullough M. E., 2003 Counting blessings versus burdens: An experimental investigation of gratitude and subjective well-being in daily life. *Journal of Personality and Social Psychology*, 84, 377-389.

Friedman R. S. & Forster J., 2000 The effects of approach and avoidance motor actions on the elements of creative insight. *Journal of Personality and Social Psychology*, 79, 477-492.

Frone M. R., 1998 Predictors of work injuries among employed adolescents. *Journal of Applied Psychology*, 83, 565-576.

Gilberg M. & Hines T. 2000 Male entertainment award winners are older than female winners. *Psychological Reports*, 86, 176-178.

Gilman R., Ashby J. S., Sverko D., Florell D. & Varjas K., 2005 The relationship between perfectionism and multidimensional life satisfaction among Croatian and American youth. *Personality an Individual Differences*, 39, 155-166.

Gilovich T., 1987 Secondhand information and social judgments. *Journal of Experimental Social Psychology*, 23, 59-74.

Harker L. A. & Keltner D., 2001 Expressions of positive emotion in women's college yearbook pictures and their relationship to personality and life outcomes across adulthood. *Journal of Personality and Social Psychology*, 80, 112-124.

Hebl M. R. & Mannix L. M., 2003 The weight of obesity in evaluating others: A mere proximity effect. *Personality and Social Psychology Bulletin*, 29, 28-38.

Henderlong J. & Lepper M. R., 2002 The effects of praise on children's intrinsic motivation: A review and synthesis. *Psychological Bulletin*, 128, 774-795.

Herrera N. C., Zajonc R. B., Wieczorkowska G. & Cichomski B., 2003 Beliefs about birth rank and their reflection in reality. *Journal of Personality and Social Psychology*, 85, 142-150.

Hertenstein M. J., 2000 Touch: Its communicative functions in infancy. *Human Development*, 45, 70-94.

Hodson G. & Olson J. M., 2005 Testing the generality of the name letter effect: Name initials and everyday attitudes. *Personality and Social Psychology Bulletin*, 31, 1099-1111.

Hoeksema van Orden C. Y. D., Gaillard A. W. K. & Buunk B. P., 1998 Social loafing under fatigue. *Journal of Personality and Social Psychology*, 75, 1179-1190

Hoorens V., Nuttin J. M., Herman I. E. & Pavakanum U., 1990 Mastery pleasure versus mere ownership: A quasi-experimental cross-cultural and cross-alphabetical test of the name letter effect. *European Journal of Social Psychology*, 20, 181-205.

Hudetz J. A., Hudetz A. G. & Klayman J., 2000 Relationship between relaxation by guided imagery and performance of working memory.

Psychological Reports, 86, 15-20.

Inman M. I., Reichl A. J. & Baron R. S., 1993 Do we tell less than we know or hear less than we are told? Exploring the teller-listener extremity effect. *Journal of Experimental Social Psychology*, 29, 528-550.

Iverson R. D. & Pullman J. A., 2000 Determinants of voluntary turnover and layoffs in an environment of repeated downsizing following a merger: An event history analysis. *Journal of Management*, 26, 977-1003.

LaFrance M. & Hecht M. A., 1995 Why smiles generate leniency. *Personality and Social Psychology Bulletin*, 21, 207-214.

Larrick R. P., Morgan J. N. & Nisbett R. E., 1990 Teaching the use of cost-benefit reasoning in everyday life. *Psychological Science*, 1, 362-370.

Lee F., Peterson C. & Tiedens L. Z., 2004 Mea culpa: Predicting stock prices from organizational attributions. *Personality and Social Psychology Bulletin*, 30, 1636-1649.

Mageau G. A., Vallerand R. J., Rousseau F. L., Ratelle C. F. & Provencher P. J., 2005 Passion and gambling: Investigating the divergent affective and cognitive consequences of gambling. *Journal of Applied Social Psychology*, 35, 100-118.

Maltby J. & Day L., 2000 Romantic acts and depression. *Psychological Reports*, 86, 260-262.

Maner J. K., Kenrick D. T., Becker D. V., Delton A. W., Hofer B., Wilbur C. J. & Neuberg S. L., 2003 Sexuality selective cognition: Beauty captures the mind of beholder. *Journal of Personality and Social Psychology*, 85, 1107-1120.

Martens A., Greenberg J., Schimel J. & Landau M. J., 2004 Ageism and death:

Effects of mortality salience and perceived similarity to elders on reactions to elderly people. *Personality and Social Psychology Bulletin*, 30, 1524-1536.

Martin G. B. & Clark R. D. III, 1982 Distress crying in neonates: Species and peer specificity. *Developmental Psychology*, 18, 3-9.

Mast M. S. & Hall J. A., 2003 Anybody can be a boss but only certain people make good subordinates: Behavioral impacts of striving for dominance and dominance aversion. *Journal of Personality*, 71, 871-891.

McAlister L. & Pessemier E., 1982 Variety seeking behavior: An interdisciplinary review. *Journal of Consumer Research*, 9, 311-322.

Mehrabian A. & Piercy M., 1993 Affective and personality characteristics inferred from length of first names. *Personality and Social Psychology Bulletin*, 19, 755-758.

Milgram S., Liberty H. J., Toledo R. & Wachenhut J., 1986 Responses to intrusion into waiting lines. *Journal of Personality and Social Psychology*, 51, 683-689.

Moshavi D., 2004 He said, she said: Gender bias and customer satisfaction with phone-based service encounters. *Journal of Applied Social Psychology*, 34, 162-176.

Murray S. L., Holmes J. G., Dolderman D. & Griffin D. W., 2000 What the motivated mind sees: Comparing friends' perspectives to married partners' views of each other. *Journal of Experimental Social Psychology*, 36, 600-620.

Myers D. G., 2000 The funds, friends, and faith of happy people. *American Psychologist*, 55, 56-67.

Neumann R. & Strack F., 2000 "Mood contagion" The automatic transfer of mood between persons. *Journal of Personality and Social Psychology*, 79, 211-223.

North A. C. & Sheridan L., 2004 The effect of pedestrian clothing in 18,000 road-crossing episodes. *Journal of Applied Social Psychology*, 34, 1872-1882.

Perrin K. M., Dindial K., Eaton D., Harrison V., Matthews T. & Henry T., 2000 Responses of seventh grade students to "Do you have a partner with whom you would like to have a baby?" *Psychology Reports*, 86, 109-118.

Pettijohn T. F. III & Jungeberg B., 2004 Playboy playmate curves: Changes in facial and body feature preferences across social and economic conditions. *Personality and Social Psychology Bulletin*, 30, 1186-1197.

Pinto M. B., 2000 On the nature and properties of appeals used in direct-to-consumer advertising of prescription drugs. *Psychological Reports*, 86, 597-607.

Prentice D. A. & Miller D. T., 1993 Pluralistic ignorance and alcohol use on campus: Some consequences of misperceiving the social norm. *Journal of Personality and Social Psychology*, 64, 243-256.

Roy D. F., 1960 "Banana Time" Job satisfaction and informal interaction. *Human Organization*, 18, 158-168.

Rozin P., Millman L. & Nemeroff C., 1986 Operation of the laws of sympathetic magic in disgust and other domains. *Journal of Personality and Social Psychology*, 50, 703-712.

Ryan L., Hatfield C. & Hofstetter M., 2002 Caffeine reduces time-of-day effects on memory performance in older adults. *Psychological Science*, 13, 68-71.

Sax L. J., Astin A. W., Korn W. S. & Mahoney K. M., 1996 *An American freshman: National norms for Fall 1996* Los Angels: Higher Education Institute, UCLA(pp. 184, 189, 200, 252, 345, 392)

Schulz-Hardt S., Frey D., Luthgens C. & Moscovici S., 2000 Biased information search in group decision making. *Journal of Personality and Social Psychology*, 78, 655-669.

Segal M. W., 1974 Alphabet and attraction: An unobtrusive measure of the effect of propinquity in a field setting. *Journal of Personality and Social Psychology*, 30, 654-657.

Sentyrz S. M. & Busuman B. J., 1998 Mirror, mirror on the wall, who's the thinnest one of all? Effects of self-awareness on consumption of full-fat, reduced-fat, and no-fat products. *Journal of Applied Psychology*, 83, 944-949.

Sigelman C. K., Thomas D. B., Sigelman L. & Ribich F. D., 1986 Gender, physical attractiveness, and electability: An experimental investigation of voter biases. *Journal of Applied Social Psychology*, 16, 229-248.

Sinnett E. R., 2000 The role of aesthetic experience in changing selves. *Psychological Reports*, 86, 34-36.

Slamecka N. J. & Graf P., 1978 The generation effect: Delineation of a phenomenon. *Journal of Experimental Psychology: Human learning and memory*, 4, 592-604.

Smith A. E., Jussim L. & Eccles J., 1999 Do self-fulfilling prophecies accumulate, dissipate, or remain stable over time? *Journal of Personality and Social Psychology*, 77, 548-565.

Snyder C. R., Shenkel R. J. & Lowery C. R., 1977 Acceptance of personality interpretations: The "Barnum Effect" and beyond. *Journal of Consulting and Clinical Psychology*, 45, 104-114.

Strahan E. J., Spencer S. J. & Zanna M. P., 2002 Subliminal priming and persuasion: Striking while the iron is hot. *Journal of Experimental Social Psychology*, 38, 556-568.

Strohmetz D. B., Rind B., Fisher R. & Lynn M., 2002 Sweetening the till: The use of candy to increase restaurant tipping. *Journal of Applied Social Psychology*, 32, 300-309.

Swan W. B. Jr., Ronde C. D. L. & Hixon J. G., 1994 Authenticity and positivity strivings in marriage and courtship. *Journal of Personality and Social Psychology*, 66, 857-869.

Terry D., Carey C. J. & Callan V. J., 2001 Employee adjustment to an organizational merger: An intergroup perspective. *Personality and Social Psychology Bulletin*, 27, 267-280.

Tice D. M., Bratslavsky E. & Baumeister R. F., 2001 Emotional distress regulation takes precedence over impulse control: If you feel bad, do it! *Journal of Personality and Social Psychology*, 80, 53-67.

Valentine S., 1998 Self-esteem and men's negative stereotypes of women who work. *Psychological Reports*, 83, 920-922.

Vernon B. & Nelson E., 2000 Exposure to suggestion an creation of false auditory memories. *Psychological Reports*, 86, 344-346.

Vonk R., 2002 Self-serving interpretations of flattery: Why ingratiation works. *Journal of Personality and Social Psychology*, 82, 515-526.

Watts B. L., 1982 Individual differences in circadian activity rhythms and their effects on roommate relationships. *Journal of Personality*, 50, 374-384.

Williams C. L., 1992 The glass escalator: Hidden advantages for men in the "female" professions. *Social Problems*, 39, 253-267.

Wood R. E., Mento A. J. & Locke E. A., 1987 Task complexity as a moderator of goal effects: A meta-analysis. *Journal of Applied Psychology*, 72, 416-425.

Zaccaro S. J., Foti R. J. & Kenny D. A., 1991 Self-monitoring and trait-based variance in leadership: An investigation of leader flexibility across multiple group situations. *Journal of Applied Psychology*, 76, 308-315.

Zajonc R. B., Adelmann P. K., Murphy S. T. & Niedenthal P. M., 1987 Convergence in the physical appearance of spouses. *Motivation and Emotion*, 11, 335-346.

Zajonc R. B., Heingartner A. & Herman E. M., 1969 Social enhancement and impairment of performance in the cockroach. *Journal of Personality and Social Psychology*, 13, 83-92.

Zaragoza M. S., Payment K. E., Ackil J. K., Drivdahl S. B. & Beck M., 2001 Interviewing witnesses: Forced confabulation and confirmatory feedback increase false memories. *Psychological Science*, 12, 473-477.

Zebrowitz L. A., Olson K. & Hoffman K., 1993 Stability of babyfaceness and attractiveness across the life span. *Journal of Personality and Social Psychology*, 64, 453-466.

Zillmann D., Baron R. A. & Tamborini R., 1981 Social costs of smoking: Effects of tobacco smoke on hostile behavior. *Journal of Applied Social Psychology*, 11, 548-501.

세상에서 가장 재미있는
62가지 심리실험
욕망과 경제편

1판 1쇄 발행 2021년 10월 5일
1판 2쇄 발행 2022년 1월 11일

지은이 나이토 요시히토
옮긴이 한은미
펴낸이 이재두
펴낸곳 사람과나무사이
등록번호 2014년 9월 23일(제2014-000177호)
주소 경기도 고양시 일산서구 강선로 142, 1701동 302호
전화 (031)815-7176 팩스 (031)601-6181
이메일 saram_namu@naver.com
일러스트 니나킴
표지디자인 박대성
본문디자인 유경희

ISBN 979-11-88635-52-8 03180